杨　绛著

走到人生边上

——自问自答

商務印書館

2007年·北京

杨绛先生近影

目 录

注释

自　序

二〇〇五年一月六日，我由医院出院，回三里河寓所。我是从医院前门出来的。如果由后门太平间出来，我就是"回家"了。

躺在医院病床上，我直在思索一个题目：《走到人生边上》。一回家，我立即动笔为这篇文章开了一个头。从此我好像着了魔，给这个题目缠住了，想不通又甩不开。我寻寻觅觅找书看，从曾经读过的中外文书籍——例如《四书》《圣经》，到从未读过的，手边有的，或请人借的——例如美国白璧德（Irving Babbitt 1865-1933）的作品，法国布尔热（Paul Bourget 1852-1935）的《死亡的意义》。读书可以帮我思索，可是我这里想通了，那里又堵死了。

年纪不饶人。我又老又病又忙。我应该是最清闲的人，既不管家事，又没人需我照顾。可是老人小辈多，小辈又生小辈，好朋友的儿女又都成了小一辈的朋友。承他们经常关心，近在北京、远在国外的，过年过节，总来看望我。我虽然闭门谢客，亲近的戚友和许许多多小辈们，随时可以冲进门来。他们来，我当然高兴，但是我的清闲就保不住了。

至于病，与老年相关的就有多种，经常的是失眠、高血压、右手腱鞘炎不能写字等等。不能写字可以用脑筋，可是血压高了，失眠加剧，头晕晕地，就不能用脑筋，也不敢用脑筋，怕中风，再加外来的干扰，都得对付，还得劳心。

《走到人生边上》这个题目，偏又缠住人不放。二〇〇五年我出医院后擅自加重降压的药，效果不佳，经良医为我调整，渐渐平稳。但是我如果这天精神好，想动笔写文章，亲友忽来问好，这半天就荒废了。睡不足，勉强工作，往往写半个字，另一半就忘了，查字典吧，我普通话口音不准，往往查不到，还得动脑筋拐着弯儿找。字越写越坏。老人的字爱结成一团，字不成字，我也快有打结子的倾向了。

思路不通得换一条路再想，我如能睡个好觉，头脑清楚，我就呆呆地坐着转念头。吃也忘了，睡也忘了，一坐就是半天，往往能想通一些问题。真没想到我这一辈子，脑袋里全是想不通的问题。这篇短短的小文章，竟费了我整整两年半的时光。废稿写了一大叠，才写成了四万多字的《自问自答》。

在思索的过程中，发现几个可写散文的题目。我写下了本文的草稿，就把这几篇散文写成《注释》，因为都是注释本文的。费心的是本文，是我和自己的老、病、忙斗争中挣扎着写成的。

古罗马皇帝马可·奥勒留（Marcus Aurelius—121-180）的《自省录》是他和邻邦交战中写成的。我的《自问自答》是我和自己的老、病、忙斗争中写成的。在斗争中挣扎着写，也不容易。拉一位古代的大皇帝作陪，聊以自豪吧！

九十六岁的杨绛

二〇〇七年八月十五晚

走到人生边上

——自问自答

前言

我已经走到人生的边缘边缘上，再往前去，就是“走了”，“去了”，“不在了”，“没有了”。中外一例，都用这种种词儿软化那个不受欢迎而无可避免的“死”字。

“生、老、病、死”是人生的规律，谁也逃不过。虽说：“老即是病”，老人免不了还要生另外的病。能无疾而终，就是天大的幸运；或者病得干脆利索，一病就死，也都称好福气。活着的人尽管舍不得病人死，但病人死了总说“解脱了”。解脱的是谁呢？总不能说是病人的遗体吧？这个遗体也决不会走，得别人来抬，别人来埋。活着的人都祝愿死者“走好”。人都死了，谁还走呢？遗体以外还有谁呢？换句话说，我死了是我摆脱了遗体？还能走？怎么走好？走哪里去？

我想不明白。我对想不明白的事，往往就搁下不想了。可是我已经走到了人生边上，自己想不明白，就想问问人，而我可以问的人都已经走了。这类问题，只在内心深处自己问自己，一般是不公开讨论的。我有意无意，探问了近旁几位七十上下的朋友。朋友有亲有疏，疏的只略一探问。

没想到他们的回答很一致，很肯定，都说人死了就是没有了，什么都没有了。虽然各人说法不同，口气不同，他们对自己的见解都同样坚信不疑。他们都头脑清楚，都是先进知识分子。我提的问题，他们看来压根儿不成问题。他们的见解，我简约地总结如下：

"老皇历了！以前还要做水陆道场超度亡灵呢！子子孙孙还要祭祀'作飨'呢！现在谁还迷信这一套吗？上帝已经死了。这种神神鬼鬼的话没人相信了。人死留名，雁死留声，人世间至多也只是留下些声名罢了。"

"人死了，剩下一个臭皮囊，或埋或烧，反正只配肥田了。形体已经没有了，生命还能存在吗？常言道：'人死烛灭'，蜡烛点完了，火也灭了，还剩什么呢？"

"人生一世，草生一秋。草黄了，枯了，死了。不过草有根，明年又长出来。人也一样，下一代接替上一代，代代相传吧。一个人能活几辈子吗？"

"上帝下岗了，现在是财神爷坐庄了。谁叫上帝和财神爷势不两立呢！上帝能和财神爷较量吗？人活一辈子，没钱行吗？挣钱得有权有位。争权夺位得靠钱。称王称霸只为钱。你是经济大国，国际间才站得住。没有钱，只有死路一条。咱们现在居然‘穷则变，变则通了’，知道最要紧的是理财。人生一世，无非挣钱、花钱、享受，死了能带走吗？”

“人死了就是没有了，什么都没有了。还有不死的灵魂吗？我压根儿没有灵魂，我生出来就是活的，就得活到死，尽管活着没意思，也无可奈何。反正好人总吃亏，坏人总占便宜。这个世界是没有公道的，不讲理的，可是有什么办法呢，什么都不由自主呀。我生来是好人，没本领做恶人，吃亏就吃亏吧。尽管做些能做的事，就算没有白活了。”

“我们这一辈人，受尽委屈、吃尽苦楚了。从古以来，多少人‘搔首问青天’，可是‘青天’，它理你吗？圣人以神道设教，‘愚民’又‘驭民’，我们不愿再受骗了。迷信是很方便的，也顶称心。可是‘人民的鸦片’毕竟是麻醉剂呀，谁愿意做‘瘾君子’呢。说什么‘上帝慈悲’，慈悲的上帝在干什么？他是不管事还是没本领呀？这种昏聩无能的上帝，还不给看破了？上帝！哪有上帝？”

“我学的是科学。我只知道我学的这门学科。人死了到哪里去是形而上学，是哲学问题，和我无关。我只知道人死了就什么都没有了。”

他们说话的口气，比我的撮述较为委婉，却也够叫我惭愧的。老人糊涂了！但是我仔细想想，什么都不信，就保证不迷吗？他们自信不迷，可是他们的见解，究竟迷不迷呢？

第一，比喻只是比喻。比喻只有助于表达一个意思，并不能判定事物的是非虚实。“人生一世，草生一秋”只借以说明人生短暂。我们也向人祝愿“如松之寿”、“寿比南山”等等，都只是比喻罢了。

“人死烛灭”或“油干灯烬”，都是用火比喻生命，油或脂等燃料比喻躯体。但另一个常用的比喻“薪尽火传”也是把火比喻生命，把木柴比喻躯体。脂、油、木柴同是燃料，同样比作躯体。但“薪尽火传”却是说明躯体消灭后，生命会附着另一个躯体继续燃烧，恰恰表达灵魂可以不死。这就明确证实比喻不能用来判断事物的真伪虚实。比喻不是论断。

第二，名与实必须界说分明。老子所谓“名可名，非常名。”如果名与实的界说不明确，思想就混乱了。例如“我没有灵魂”云云，是站不住的。人死了，灵魂是否存在是一个问题。活人有没有灵魂，不是问题，只不过“灵魂”这个名称没有定规，可有不同的名称。活着的人总有生命——不是虫蚁的生命，不是禽兽的生命，

而是人的生命，我们也称“一条人命”。自称没有灵魂的人，决不肯说自己只有一条狗命。常言道：“人命大似天”或“人命关天”。人命至关重要，杀人一命，只能用自己的生命来抵偿。“一条人命”和“一个灵魂”实质上有什么区别呢？英美人称 soul，古英文称 ghost，法国人称 âme，西班牙人称 alma，辞典上都译作灵魂。灵魂不就是人的生命吗？谁能没有生命呢？

又例如“上帝”有众多名称。“上帝死了”，死的是哪一门子的上帝呢？各民族、各派别的宗教，都有自己的上帝，都把自己信奉的上帝称真主，称唯一的上帝，把异教的上帝称邪神。有许多上帝有偶像，并且状貌不同。也有没有偶像的上帝。这许多既是真主，又是邪神，有偶像和无偶像的上帝，全都死了吗？

人在急难中，痛苦中，烦恼中，都会呼天、求天、问天，中外一例。上帝应该有求必应，有问必答吗？如果不应不答，就证明没有上帝吗？

耶稣受难前夕，在葡萄园里祷告了一整夜，求上帝免了他这番苦难，上帝答理了吗？但耶稣失去他的信仰了吗？

中国人绝大部分是居住农村的农民。他们的识见和城市里的先进知识分子距离很大。我曾下过乡，也曾下过干校，和他们交过朋友，能了解他们的思想感情，也能认识他们的人品性格。他们中间，当然也有高明和愚昧的区别。一般说来，他们的确思想很落后。但他们都是在大自然中生活的。他们的经历，先进的知识分子无缘经历，不能一概断为迷信。以下记录的，都是笃实诚朴的农民所讲述的亲身经历。

“我有夜眼，不爱使电棒，从年轻到现在六七十岁，惯走黑路。我个子小，力气可大，啥也不怕。有一次，我碰上‘鬼打墙’了。忽然的，眼前一片漆黑，什么都看不见，只看到旁边许多小道。你要走进这些小道，会走到河里去。这个我知道。我就发话了：‘不让走了吗？好，我就坐下。’我摸着一块石头就坐下了。我掏出烟袋，想抽两口烟。可是火柴划不亮，划了十好几根都不亮。碰上‘鬼打墙’，电棒也不亮的。我说：‘好，不让走就不走，咱俩谁也不犯谁。’我就坐在那里。约莫坐了半个多时辰，那道黑墙忽然没有了。前面的路，看得清清楚楚。我就回家了。碰到‘鬼打墙’就是不要乱跑。他看见你不理，没办法，只好退了。”

我认识一个二十多岁农村出身的女孩子。她曾读过我记的《遇仙记》(参看《杨绛文集》第二卷 228—233 页。人民文学出版社 2004 年版)，问我那是怎么回事。我说：“不知道，但都是实事。全宿舍的同学、老师都知道。我活到如今，从没有像那夜睡得像死人一

样。"她说:"真的,有些事,说来很奇怪,我要不是亲眼看见,我决不相信。我见过鬼附在人身上。这鬼死了两三年了,死的时候四十岁。他的女儿和我同岁,也是同学。那年,挨着我家院墙北面住的女人刚做完绝育手术,身子很弱。这个男鬼就附在这女人身上,自己说'我是谁谁谁,我要见见我的家人,和他们说说话。'有人就去传话了。他家的老婆、孩子都赶来了。这鬼流着眼泪和家里人说话,声音全不像女人,很粗壮。我妈是村上的卫生员,当时还要为这女人打消炎针。我妈过来了,就掐那女人的上嘴唇——叫什么'人中'吧?可是没用。我妈硬着胆子给她打了消炎针。这鬼说:'我没让你掐着,我溜了。嫂子,我今儿晚上要来吓唬你!'我家晚上就听得哗啦啦的响,像大把沙子撒在墙上的响。响了两次。我爹就骂了:'深更半夜,闹得人不得安宁,你王八蛋!'那鬼就不闹了。我那时十几岁,记得那鬼闹了好几天,不时地附在那女人身上。大约她身子健朗了,鬼才给赶走。"

在"饿死人的年代",北京居民只知道"三年自然灾害"。十年以后,我们下放干校,才知道不是天灾。村民还不大敢说。多年后才听到村里人说:"那时候饿死了不知多少人,村村都是死人多,活人少,阳气压不住阴气,快要饿死的人往往夜里附上了鬼,又哭又说。其实他们只剩一口气了，没力气说话了。可是附上了鬼，就又哭又说，都是新饿死的人，哭着诉苦。到天亮，附上鬼的人也多半死了。”

鬼附人身的传说，我听得多了，总不大相信。但仔细想想，我们常说：“又做师娘（巫婆）又做鬼”，如果从来没有鬼附人身的事，就不会有冒充驱鬼的巫婆。所以我也相信莎士比亚的话：这个世界上，莫名其妙的事多着呢。

《左传》也记载过闹鬼的事。春秋战国时，郑国二贵胄争权。一家姓良，一家姓驷。良家的伯有骄奢无道，驷家的子晳一样骄奢，而且比伯有更强横。子晳是老二，还有个弟弟名公孙段附和二哥。子晳和伯有各不相下。子晳就叫他手下的将官驷带把伯有杀了。当时郑国贤相子产安葬了伯有。子晳擅杀伯有是犯了死罪，但郑国的国君懦弱无能，子产没能够立即执行国法。子晳随后两年里又犯了两桩死罪。子产本要按国法把他处死，但开恩让他自杀了。

伯有死后化为厉鬼，六七年间经常出现。据《左传》，“郑人相惊伯有”，只要听说“伯有至矣”，郑国人就吓得乱逃，又没处可逃。伯有死了六年后的二月间，有人梦见伯有身披盔甲，扬言：“三月三日，我要杀驷带。明年正月二十八日，我要杀公孙段。”那两人如期而死。

郑国的人越加害怕了。子产忙为伯有平反，把他的儿子“立以为大夫，使有家庙”，伯有的鬼就不再出现了。

郑子产出使晋国。晋国的官员问子产：“伯有犹能为厉乎？”（因为他死了好多年了。）子产曰：“能。”他说：老百姓横死，鬼魂还能闹，何况伯有是贵胄的子孙，比老百姓强横。他安抚了伯有，他的鬼就不闹了。

我们称闹鬼的宅子为凶宅。钱锺书家曾租居无锡留芳声巷一个大宅子，据说是凶宅。他叔叔夜晚读书，看见一个鬼，就去打鬼，结果大病了一场。我家一九一九年从北京回无锡，为了找房子，也曾去看过那所凶宅。我记得爸爸对妈妈说：“凶宅未必有鬼，大概是房子阴暗，住了容易得病。”

但是我到过一个并不阴暗的凶宅。我上大学时，我和我的好友周芬有个同班女友是常熟人，家住常熟。一九三一年春假，她邀我们游常熟，在她家住几天。我们同班有个男同学是常熟大地主，他家刚在城里盖了新房子。我和周芬等到了常熟，他特来邀请我们三人过两天到他新居吃饭，因为他妈妈从未见过大学女生，一定要见见，酒席都定好了，请务必赏光。我们无法推辞，只好同去赴宴。

新居是簇新的房子，阳光明亮，陈设富丽。他妈妈盛装迎接。同席还有他爸爸和孪生的叔叔，相貌很相像;还有个瘦弱的嫂子带着个淘气的胖侄儿,还有个已经出嫁的妹妹。据说,那天他家正式搬入新居。那天想必是挑了“宜迁居”的黄道吉日,因为搬迁想必早已停当,不然的话,不会那么整洁。

回校后,不记得过了多久,我又遇见这个男同学。他和我们三人都不是同系,不常见面。他见了我第一事就告诉我他们家闹鬼,闹得很凶。嫂子死了,叔叔死了,父母病了,所以赶紧逃回乡下去了。据说,那所房子的地基是公共体育场,没知道原先是处决死囚的校场。我问:“鬼怎么闹?”他说:“一到天黑,楼梯上脚步声上上下下不断,满处咳吐吵骂声,不知多少鬼呢!”我说:“你不是在家住过几晚吗?你也听到了?”他说他只住了两夜。他像他妈妈,睡得浓,只觉得城里不安静,睡不稳。春假完了就回校了。闹鬼是他嫂子听到的,先还不敢说。他叔叔也听到了。嫂子病了两天,也没发烧,无缘无故地死了。才过两天,叔叔也死了,他爹也听到闹,父母都病了。他家用男女两个佣人,男的管烧饭,是老家带出来的,女的是城里雇的。女的住楼上,男的住楼下,上下两间是楼上楼下,都在房子西尽头,楼梯在东头,他们都没事。家里突然连着死了两人,棺材是老家账房雇了船送回乡的。还没办丧事,他父母都病了。体育场原是校场的消息是他妹妹的婆家

传来的。他妹妹打来电话，知道父母病，特来看望。开上晚饭，父母都不想吃。他妹妹不放心，陪了一夜。他的侄儿不肯睡挪入爷爷奶奶屋的小床，一定要睡爷爷的大床。他睡爷爷脚头，梦里老说话。他妹妹和爹妈那晚都听见家里闹鬼了。他们屋里没敢关电灯。妹妹睡她妈妈脚头。到天亮，他家立即雇了船，收拾了细软逃回乡下。他们搬入新居，不过七、八天吧，和我们同席吃饭而住在新居的五个人，死了两个，病了两个，不知那个淘气的胖侄儿病了没有。这位同学是谨小慎微的好学生，连党课《三民主义》都不敢逃学的，他不会撒谎胡说。

我自己家是很开明的，连灶神都不供。我家苏州的新屋落成，灶上照例有“灶君菩萨”的神龛。年终糖瓜祭灶，把灶神送上天了。过几天是“接灶”日。我爸爸说：“不接了。”爸爸认为灶神相当于“打小报告”的小人，吃了人家的糖瓜，就说人家好话。这种神，送走了正好，还接他回来干吗？家里男女佣人听说灶神不接了，都骇然。可是“老爷”的话不敢不听 。我家没有灶神，几十年都很平安。

可是我曾经听到开明的爸爸和我妈妈讲过一次鬼。我听大姐姐说，我的爷爷曾做过一任浙江不知什么偏僻小县的县官。那时候我大姐年幼，还不大记事。

只有使她特别激动的大事才记得。那时我爸爸还在日本留学，爸爸的祖父母已经去世，大伯母一家、我妈妈和大姐姐都留在无锡，只爷爷带了奶奶一起离家上任。大姐姐记得他们坐了官船，扯着龙旗，敲锣打鼓很热闹。我听到爸爸妈妈讲，我爷爷奶奶有一天黄昏后同在一起，两人同时看见了我的太公，两人同时失声说："爹爹喂"，但转眼就不见了。随后两人都大病，爷爷赶忙辞了官，携眷乘船回乡。下船后，我爷爷未及到家就咽了气。

这件事，想必是我奶奶讲的。两人同时得重病，我爷爷未及到家就咽了气，是过去的事实。见鬼是得病还乡的原因。我妈妈大概信了，我爸爸没有表示。

以上所说，都属"怪、力、乱、神"之类，我也并不爱谈。我原是旧社会过来的"老先生"——这是客气的称呼。实际上我是老朽了。老物陈人，思想落后是难免的。我还是晚清末代的遗老呢！

可是为"老先生"改造思想的"年轻人"如今也老了。他们的思想正确吗？他们的"不信不迷"使我很困惑。他们不是几个人。他们来自社会各界：科学界、史学界、文学界等，而他们的见解却这么一致、这么坚定，显然是代表这一时代的社会风尚，都重物质而怀疑看不见、摸不着的"形而上"境界。他们下一代的年轻人，是更加偏离“形而上”境界，也更偏重金钱和物质享受的。他们的见解是否正确，很值得仔细思考。

我试图摆脱一切成见，按照合理的规律，合乎逻辑的推理，依靠实际生活经验，自己思考。我要从平时不在意的地方，发现问题，解答问题；能证实的予以肯定，不能证实的存疑。这样一步一步自问自答，看能探索多远。好在我是一个平平常常的人，无党无派，也不是教徒，没什么条条框框干碍我思想的自由。而我所想的，只是浅显的事，不是专门之学，普通人都明白。

我正站在人生的边缘边缘上，向后看看，也向前看看。向后看，我已经活了一辈子，人生一世，为的是什么呢？我要探索人生的价值。向前看呢，我再往前去，就什么都没有了吗？当然，我的躯体火化了，没有了，我的灵魂呢？灵魂也没有了吗？有人说，灵魂来处来，去处去。哪儿来的？又回哪儿去呢？说这话的，是意味着灵魂是上帝给的，死了又回到上帝那儿去。可是上帝存在吗？灵魂不死吗？

一　神和鬼的问题

现在崇尚科学，时髦的口号是“上帝已经死了”。说到信念，就是唯心，也就是迷信了。唯心，可以和迷信画上等号吗？现在思想进步的人，也讲“真、善、美”。“真、善、美”看得见吗？摸得着吗？看不见、摸不着的，不是只能心里明白吗？信念是看不见的，只能领悟。从“知”到“悟”，有些距离，但并非不能逾越的，只是小小一步飞跃，认识从“量变”进而为“质变”罢了。是不是“迷”，可以笨笨实实用合理的方法和逻辑的推理来反证。比如说吧，假如我相信大自然有规律，我这点信念出于我累积的知识。我看到一代代科学家已发现了许多规律。规律可能是错误的（如早期关于天体运行的规律），可以推翻；规律可能是不全面的，可以突破，可以补充。反过来说，大自然如果没有规律，科学家又何从探索？何从发现？又何从证实呢？大自然有规律这点信念，是由知识的累积，进一步而领悟的。然后又由反证而肯定。相信大自然有规律,能说是迷信吗?是否可以肯定不是迷信呀?

科学愈昌明,自然界的定律也发现得愈多,愈精密。一切定律(指经过考验,全世界科学家都已承认的定律),不论是有关天文学、物理学、生物学等等,每一学科的定律,都融会贯通,互相补充,放之四海而皆准。我相信这个秩序井然的大自然,不可能是偶然,该是有规划、有主宰的吧?不然的话,怎能有这么多又普遍又永恒的定律呢?

有人说,物质在突发的运动中,动出了定律。但科学的定律是多么精确,多么一丝不苟,多么普遍一致呀!如果物质自己能动出这么精密的定律来,这物质就不是物质而有灵性了,该是成了精了。但精怪各行其道,不会动出普遍一致的定律来。大自然想必有神明的主宰,物质按他的规定运动。所以相信大自然的神明,是由累积的知识,进而成为信念,而这个信念,又经过合理的反证,好像不能推翻,只能肯定。相信大自然的神明,或神明的大自然,我觉得是合乎理性的,能说是迷信吗?

大自然的神明,或神明的大自然,按我国熟悉的称呼,就称“天”,老百姓称老天爷或天老爷,文雅些称“上天”、“天公”、“上苍”,名称不同,所指的实体都是相同的。

例如孔子曰："天何言哉？四时行焉，百物生焉，天何言哉？"（《阳货十七》）"吾谁欺，欺天乎？"（《子罕第九》）"知我者，其天乎！"（《宪问十四》）"获罪于天，无所祷也。"（《八佾第三》）"天生德于予，……"（《述而第七》）以上只是略举几个《论语》里的"天"，不就是指神明的大自然或大自然的神明吗？

有人因为《论语》樊迟问知，子曰："敬鬼神而远之。"（《雍也第六》）就以为孔子对鬼神敬而远之。但孔子对鬼神并不敬而远之。《中庸》第十六章，子思转述孔子的话："鬼神之为德，其盛矣乎！视之而勿见，听之而勿闻，体物而不可遗；使天下之人齐明盛服以承祭祀，洋洋乎如在其上，如在其左右。《诗》曰：'神之格思，不可度思，矧可射思。'"又，《中庸》第一章："莫见乎隐，莫显乎微，故君子慎其独也。"

《中庸》所记的话，我按注解解释如下。第十六章说："祭祀的时候，鬼神虽然看不见，听不见，万物都体现了神灵的存在；祭祀的时候，神灵就在你头顶上，就在你左右"；接着引用《诗经·大雅·仰》之篇："神来了呀，神是什么模样都无从想像，我们哪敢怠慢呀。"这几句诗，表达了对神的敬畏。

《中庸》第一章里说："最隐蔽的地方，最微小的事，最使你本相毕露；你以为独自一人的时候没人看见，就想放肆啦？小心呀！君子在独自一人的时候特别谨慎。”

读《论语》，可以看到孔子对每个门弟子都给予适当的答复。问同样的问题，从没有同样的回答。这是孔子因人施教。樊迟是个并不高明的弟子。他曾问孔子怎样种田，怎样种菜。孔子说他不如老农，不如老圃。接下说“小人哉，樊须也！”（《子路十三》）。一次，樊迟问知（智），（《颜渊十二》）子曰：“知人。”樊迟不懂，问这话什么意思？孔子解释了一通。他还是不懂，私下又把夫子的解释问子师。他大概还是没懂，又一次问知，孔子曰：“敬鬼神而远之。”这回他算是懂了吧，没再问。可是《论语》和《中庸》里所称的“鬼神”，肯定所指不同。《中庸》里的“鬼神”，能“敬而远之”吗？《中庸》和《论语》讲“鬼神”的话，显然是矛盾的。那么，我们相信哪一说呢？

孔子十九岁成家，二十岁生鲤，字伯鱼。伯鱼生伋，字子思。伯鱼先孔子死。据《史记·孔子世家》，伯鱼享年五十。那么，孔子已经七十岁了。而颜渊还死在他死以后。子路又死在颜渊之后，孔子享年七十三。他七十岁以后经历了那么多丧亡吗？而伯鱼几岁得子，没有记载。孔子去世时子思几岁，无从考证。反正孔子暮年丧伯鱼之后，子思是他唯一的孙儿。孔子能不教他吗？孔子想必爱重这个孙儿。他如果年岁已长，当然会跟着祖父学习。当时孔子的门弟子已有两位相当于助教的有若和曾参，称有子、曾子。子思师事曾参。如果他当时已有十五、六岁，他是后辈，师事助教是理所当然。如果他还幼小，孔子一定把他托付给最信赖的弟子。

曾参显然是他最贴心的弟子。试看他们俩的谈话。孔子说："参乎！吾道一以贯之。"曾子曰："唯。"孔子走了，门人问曾子，夫子什么意思？曾子曰："夫子之道，忠恕而已矣。"(《里仁第四》)哪个门弟子能这么了解孔子呢？子思可能直接听到过祖父的教诲，也可能由曾参传授。

《论语》子贡曰："夫子之言性与天道，不可得而闻也"(《公冶长第五》)。这不过说明，孔子对有些重要的问题，不轻易和门弟子谈论。子思作《中庸》，第一章开宗明义就说："天命之谓性，率性之谓道。"这是孔子的大道理，也是他的心里话，如果不是贴心的弟子，是听不到的。子思怕祖父的心里话久而失传，所以作《中庸》。这是多么郑重的事，子思能违反祖父的心意而随意乱说吗？

"鬼神"二字，往往并称。但《中庸》所谓"鬼神"，从全篇文字和引用的诗，说的全是“神”。“洋洋乎如在其上，如在其左右”，就是《论语》“祭神如神在”的情景。所谓神，也就是《论语》里的天，也就是我所谓大自然的神明。加上子思在《中庸》里所说的话，就点染得更鲜明了。神是无所不在，无所不见，无所不知的。能“敬而远之”吗？神就在你身边，决计是躲不开的。

孔子每次答弟子的问题，总有针对性。樊迟该是喜欢谈神说鬼，就叫他“敬鬼神而远之”。这里所说的“鬼神”，是鬼魅，决不是神。我国的文字往往有两字并用而一虚一实的。“鬼神”往往并用。子思在《中庸》里用的“鬼神”，“鬼”是陪用，“鬼”虚而“神”实。“敬鬼神而远之”，“神”是陪用，“神”字虚而“鬼”字实。（参看《管锥编》第一册《周易正语》二一《系辞》五——93—95页。三联书店 2001 年 1 月版）鬼魅宜敬而远之。几个人相聚说鬼，鬼就来了。西方成语：“说到魔鬼，魔鬼就来。”我写的《遇仙记》就是记我在这方面的经验。

我早年怕鬼，全家数我最怕鬼，却又爱面子不肯流露。爸爸看透我，笑称我“活鬼”——即胆小鬼。小妹妹杨必护我，说绛姐只是最敏感。解放后，钱锺书和我带了女儿又回清华，住新林院，与堂姊保康同宅。院系调整后，一再迁居，迁入城里。不久我生病，三姐和小妹杨必特从上海来看我。杨必曾于解放前在清华任助教，住保康姊家。我解放后又回清华时，杨必特地通知保康姐，请她把清华几处众人说鬼的地方瞒着我，免我害怕。我既已迁居城里，杨必就一一告诉我了。我知道了非常惊奇。因为凡是我感到害怕的地方，就是传说有鬼的地方。例如从新林院寓所到温德先生家，要经过横搭在小沟上的一条石板。那里是日寇屠杀大批战士或老百姓的地方。一次晚饭后我有事要到温德先生家去。锺书已调进城里，参加翻译《毛选》工作，我又责令钱瑗早睡。我独自一人，怎么也不敢过那条石板。三次鼓足勇气想冲过去，却像遇到“鬼打墙”似的，感到前面大片黑气，阻我前行，只好退回家。平时我天黑后走过网球场旁的一条小路，总觉寒凛凛地害怕，据说道旁老树上曾吊死过人。据说苏州庙堂巷老家有几处我特别害怕，都是佣人们说神说鬼的地方。我相信看不见的东西未必不存在。城里人太多了，鬼已无处可留。农村常见鬼，乡人确多迷信，未必都可信。但看不见的，未必都子虚乌有。有人不信鬼（我爸爸就不信鬼），有人不怕鬼（锺书和钱瑗从来不怕鬼）。但是谁也不能证实人世间没有鬼。因为“没有”无从证实；证实“有”，倒好说。我本人只是怕鬼，并不敢断言自己害怕的是否实在，也许我只是迷信。但是我相信，我们不能因为看不见而断为不存在。这话该不属迷信吧？

有人说，我们的亲人，去世后不再回家，不就证明鬼是没有的吗？我认为，身后的事，无由得知，我的自问自答，只限于今生今世。

二　有关人的问题

有关人的问题，我不妨从最亲切、最贴身的“我”问起，就发现一连串平时没想到的问题。

“我”，当然不指我个人，“我”是一切人的代名词。如问“我”是谁？答“我”是人——人世间每个具体的人。每个具体的人，统称人。这是一个抽象的代名词。具体各别的人，数说不尽，我们只用一个抽象的“人”字，代表一切具体的人，我经常受到批判：“只有具体的人，没有抽象的人，单用一个‘人’字，是抹杀了人的阶级性。”抽象的代名词，当然不是具体的人，但每个自称“我”的人，都是具体的人，不同阶级，不同职业，不同区域，不同时代的一个个具体的人，都自称“我”，所以可以说：“我”是人——人世间每一个具体的人。

（一）人有灵魂

我首先要说，人有灵魂。每个人都有一个身体，而身体具有生命，称灵魂。灵魂是看不见的，但身体有没有生命却显而易见。死尸和活人的区别看得出，摸得着。所以每个活着的人，有肉体，也具有生命。上文已经说过，人的生命不是草木、虫蚁的生命，也不是禽兽的生命，我们称一条人命或一个灵魂；名称不同而所指同是人的生命。下文我避免用"一条人命"而采用"一个灵魂"，因为在我国文字里，"命"字有两重意义。生命(life)称命；命运(fate)也称命，例如"薄命"、"贫贱命"、"命大"、"生死有命"等。同一个字而所指不同，在思维的过程中容易引起混乱，导致错误。灵魂是否不灭，可以是问题；而活着的人都有生命或灵魂，是不成问题的。可以肯定说：人有两部分，一是看得见的身体，一是看不见的灵魂。这不是迷信，是不可否认的事实。

（二）人有个性

人的体质不同，性情各别。古希腊医学家认为人的性情取决于这人身体里某种液体的过剩。人的个性分四种类型：多血的性情活泼，多痰的性情滞缓，多黄胆汁的易怒，多黑胆汁的忧郁。欧洲人一直沿用这种分类。我们所谓“个性”，也称“性子”，也称“脾气”。活泼的我们称外向，滞缓的我们称慢性子，易怒的称急性子或脾气躁，忧郁的称内向。不过这种分类，只是粗粗地归纳，没多大意义，因为每一种类型包含许多不同的性情呢。急性子有豪爽的，敏捷的，冒失的，也有粗暴的。慢性子有沉静的，稳重的，死板的，也有傻呆的。反正性情脾气各人各样，而且各种类型的区别，也不能一刀切。有人内向，同时又是慢性子或急性子。我只求说明：体质不同，性情各别。老话：一棵树上的叶子叶叶不同，人性之不同各如其面。按脑科专家的定论，各人的脑子，各不相同。常言道：一个人，一个性；十个人，十个性。即使是同胞双生，面貌很相似，性情却迥不相同。

个性是天生的，到老不变。有修养的人可以约束自

己。可是天生的急性子不能约束成慢性子;慢性子也不能修养成急性子。婴儿初生,啼声里就带出他的个性。急性子哭声躁急,慢性子哭声悠缓。从生到死,个性不变。老话:“从小看看,到老一半”;“江山易改,本性难移”;“七十二变,本性难变”。塞万提斯在他名著《堂吉诃德》里多次说:老话成语,是人类数千年智慧的结晶。韩非子说:“古无虚谚。”(《管锥编》(一)下,716 页。三联书店 2001 年版)他们的话确是不错的。

我曾当过三年小学教员,专教初小一、二年级。我的学生都是穷人家孩子,很野,也很难管。我发现小学生像《太平广记》、《夷坚志》等神怪小说里的精怪,叫出他的名字,他就降伏了。如称“小朋友”,他觉得与他无关。所以我有必要记住每个学生的姓名。全班约四十人。我在排座位时自己画个座位图,记上各人的姓名。上第一堂课,记住第一批姓名。上第二堂课,记住第二批姓名。上第三堂课,全班的姓名都记熟。第一批记住的是最淘气、或最乖、最可爱、最伶俐的,一般是个性最鲜明的。最聪明的孩子,往往在第二批里,因为聪明孩子较深沉,不外露。末一批里,个性最模糊,一时分不清谁是谁,往往是班上最浑沌的。

我班上秩序最好。如有新来的教师管不了最低班,主任就央我换教低班,不照例随级上升。所以我记住姓名的学生很多很多。三年共六个学期，我教过三、四班新生，从未见到个性相同的学生。

每个人天生有个性，个性一辈子不变，这是可以证实的。天地生人，人多得不可胜数。但所有的人指纹不同，笔迹不同，也是个性不同的旁证。

（三）人有本性

1 本性的意义

人有本性，指全人类共有的本性，而且是全人类所特有的。猫有猫性，狗有狗性，牛有牛性，狼有狼性，人也该有人性。人性是全人类所共有，同时也是全人类所特有的。不分贫富尊卑、上智下愚，只要是人而不是禽兽，普遍都有同样的人性。

2 什么是人的本性？

(1)“食色性也”，不是指人的本性吗？用“色”字就显然指人而不指禽兽。因为禽兽称“发情”（性欲发动），不称“好色”。每个人都有肉体。有肉体就和其他动物同样有兽性。不过人的兽性和其他动物不一样。

禽兽发情有季节，发情是为了繁育后代。人类好色是不分季节的，而且没个餍足。有三宫六院的帝王还自称“寡人好色”哩。禽兽掠食只求餍足，掠食是为了保全生命。人的食欲却不仅仅是图生存，还图享受。人不仅要吃饱，还讲究美食。孔子不是说“食不厌精，脍不厌细”吗？（《乡党第十》）食与色，人之大欲，但人之大欲，不仅仅是为了自身和后代的生存，还都图享受呢。

（2）**灵性良心**。禽兽的天性不仅有食欲、性欲。禽兽都有良知良能，连虫蚁也有，例如蚂蚁做窠、蜂酿蜜、鹊营巢、犬守门，且忠于主人。人当然也有良知良能，不输禽兽虫蚁，而超越禽兽虫蚁。

我国孔孟之道，主张人性本善。孟子说：“人有所不学而能者，其良能也。有不虑而知者，其良知也。”注解说：“良者，本然之善也。”就是说，不由人为，天生就是好的。（《孟子·尽心》）注解的解释，不如《孟子·告子》一章里讲得具体。孟子说：恻隐之心，羞恶之心，恭敬之心，是非之心，都是每个人都有的。人有恻隐、羞恶、恭敬、是非之心，就表示人有仁、义、礼、智等美德。这都不是外加的，而是原来就有的。接下来，孟子引《诗经·大雅·蒸民》之篇：“天生蒸民，有物有则，民之秉彝，好是懿德。”孔子称赞这首诗：“为此诗者，其知道乎？……民之秉彝也（就是说，这种美德是人性本来就有的），故好是懿德（就是说，所以爱这种美德）。”《孟子》下文把恻隐之心、羞恶之心等等“仁义之心”称为“良心”。并着重指出，人性中原本有“良心”，如果不保住“良心”，而随它消失，“放其良心者，……则其违禽兽不远矣。……”孔子曰：“操则存，舍则亡。……”注：操之则在此，舍之则失去。

从孔子、孟子的理论里，我们可以看到，人类不仅有良知良能，而且超越禽兽，还有良心。良心就是恻隐之心、羞恶之心等等仁义之心。人性中天生有仁义礼智等道德心，称良心。如果不能保住良心，随它消失，就和禽兽一样了。（荀子认为人性本恶，这里暂且不谈，留待下文。）

西方人把“良知良能”称“本能”或“本性”或“天性”，而“良心”亦称“道德心”。就是说，每个人天生懂得是非、善恶等道德价值或标准，而在良心的督促下，很自然地追求真理，追求完善，努力按照良心上的道德标准为人行事。假如该做的不做，或做了不该做的事，就受到良心的谴责，内疚负愧。（参见西方辞典上 instinct 和 conscience 条）我嫌这一堆解释太啰嗦，试图用一个融合中外而明白易晓的词儿，概括以上一大堆解释。禽兽都有良知良能。人的良知良能与禽兽不同而超越禽兽，我就称为“灵性、良心”。“灵性”，是识别是非、善恶、美丑等道德标准的本能；“良心”是鼓动并督促为人行事都遵守上述道德标准的道德心。“灵性良心”是并存的，结合“知”与“行”两者。

下文我就使用“灵性良心”来代表人的良知良能了，并且也不用引号了。这是人所共有而又是人所特有的本性。凡是人，不论贫富尊卑、上智下愚，都有灵性良心。贫贱的人，道德品质绝不输富贵的人。愚笨的人也不输聪明人，他们同样识得是非，懂得好歹。我认识好几个一介不取于人而对钱财十分淡漠的人，他们都是极贫极贱，毫无学识的人。昧了良心，为名为利而为非作歹的，聪明人倒比愚人多。务农的人往往比经商的老实。据农村的人说，山里人最浑朴善良。乡里人和山里人，并未受到特殊的教育，只是本性未受污损。他们认为人愈奸，心愈黑，愈得意发财。当然这也不能一概而论，但不分贫贱尊卑、上智下愚，都有灵性良心是肯定的。我不妨从亲身经历中，拈出一两个实例。

我家曾收留过弱智低能的一男一女，都和我家门房同乡，都没有名字。我妈妈为男的取名阿福，我们姊妹为女的取名阿灵。阿福大约十四五岁，模样只像八九岁的儿童。他得了好的东西都要留给他娘，我妈妈总说阿福有良心。门房有一整套小型木匠用具。阿福并没人教，却会找些木板，锯呀、刨呀，把木板制成各式匣子，比猴子灵得多。后来他攒了钱被人骗走，离了我家，后悔不及，得了神经病，正也证明他是有灵性良心的。阿灵比阿福笨得多，数数只能数到二。她睡觉压死了自己的头胎儿子，气得她的公婆、丈夫见了她就毒打。她自己觉得挨打是活该，毫无怨尤。家务事她啥也不会，我家女佣们一件件教她，她乖乖地学，渐渐能从二数到五、六、七，家务事也学会不少。一两年后，她丈夫来接她回去，她欢天喜地，跟着回家了。如果是畜类，看见毒打它的人，不会欢天喜地。她是有灵性良心的。阿福、阿灵都是下愚中的下愚，但毕竟是人，不是畜类。这两个实例，只说明下愚的下愚，也有人性。阿灵比阿福笨，已接近畜类，比聪明的猫狗还不如，但他们毕竟是人。有很多聪明的父母，会生下全无智力的痴呆儿女；很聪明的姊妹兄弟间，会夹杂一个痴呆。这是父母最揪心的事。我认识好几个有痴呆子女的妈妈。社会上有专收养痴呆的机构。有一个生了痴呆儿子的妈妈告诉我："送他到那里去，他也依依不舍地挨着我，不愿离开妈妈。可是他会把自己的大便送进嘴里吃，我实在看不过，只好硬硬心把他送走。"另一个生了痴呆儿子的妈妈，不忍把痴呆儿子送入专管痴呆的地方，只把他寄养在乡间亲戚家，也有留在家里的。这种孩子一般只能活到八岁或十一岁左右，便夭折了。父母看他们活着也伤心，死也伤心，因为毕竟是自己生的儿女啊。但他们虽具人形，却是没有长成的人，相当于未成品。不能指望他们有灵性了。其中也有长大成人的，我曾见过两人，但不是朝夕相处，不熟悉。看来他们和阿福、阿灵相似，都善良，和家人亲善，对外人也无恶意，也有或多或少的智力。在人与畜类的分界线上，得容许有些许混淆不分处吧？

我们也常说猫狗等畜类有灵性、有良心。但畜类的灵性，总和它本性相属，也受它本性的限制。我见过一只特灵的狗，是我上大学时期一位教师的伴侣。它只要听到主人一声口哨，立即奔向主人。一次这位教师和同事十来个人一起出差，刚离开苏州，就得急病死了。这只狗当夜长嚎，凄厉如哭。大家说这是狗哭呀，会死人的。当时这位教师去世的消息还没传到呢。狗连夜哭，滴水不入口，没几天就饿死了。大家诧异说：这狗是不是知道主人死了呢？这狗真忠心呀！但忠于主人是狗的本性，俗称"犬马之忠"。犬马救主的传说不少，某地还有一座"义犬冢"呢，笔记小说上都有记载。但是为狗立冢的是人，不是狗；称扬"犬马之忠"的也是人，不是狗。狗嗅觉灵敏远胜于人，能做人类所不能的事，但狗只是人所豢养、人所使用的牲畜。

我们会诧异某人毫无良心，说："这家伙的良心给狼吃了！"小时候，妈妈会责骂我们孩子"没灵性！青肚皮猢狲！"这都说明，有灵性有良心是人所特有而且普遍共有的本性。凡是人，除了未成人的痴呆，虽属下愚，也都有这点本性。

3　每个人具有双重本性

人是灵魂与肉体的结合，灵与肉各有各的本性。"食色性也"是人的本性，灵性良心也是人的本性。这两重本性是矛盾的，不相容的。我们可以从日常生活中看到这两种不相容的本性。

初生的婴儿只要吃足奶，拉了屎，撒了尿，换上干净的尿布，就很满足地躺在床铺上，啃着自己的拳头或脚趾，自说自讲，或和旁边的亲人有说有讲，尽管说的话谁也不懂，婴儿纯是一团和爱。初生的婴儿还不会笑，但梦里会笑，法国人称"天使的微笑"，做妈妈的多半见过，是无法形容的宁静甜美。以后婴儿能笑了，但不能笑出"天使的微笑"了。不过婴儿的笑总是可爱又令人快乐的。婴儿渐渐长大，能听懂大人的赞许，也会划手划脚表示欢欣；假如听到大人责骂，也会哭，或忍住不哭，嘴巴瘪呀瘪地表示委屈或无奈。一岁左右，都

懂事了，不会说也会嗯嗯地比着指着示意。会说话了，会叫爸爸妈妈等亲人了，这时什么都懂，什么都学。小娃娃最令人感到他有灵性良心。他知好歹，识是非，要好。他们还没有代表个人意识的“自我”（self）。小娃娃都不会自称“我”。大人怎么称呼他，如“宝宝”、“娃娃”、“毛毛”、“臭臭”之类，他们知道指的就是他们，就自称“宝宝”、“娃娃”、“毛毛”、“臭臭”，还要加上一个“乖”；尽管“乖”字还不会说，咬着舌子也要自称“乖”。我认识亲友家不知多少“乖宝宝”或“乖毛毛”等娃娃呢。有人说，要好不是天性，是妈妈教的。小娃娃怎么教呀？无非说：孩子要乖啊，要听话啊。他们觉得这就是好。小娃娃都要求好，长大了才懂得犟，长大了才有逆反心理呢。天真未凿的婴儿，是所谓“赤子”——“大人者，不失其赤子之心者也”的“赤子”。婴儿都是善良的。有凶恶的婴儿吗？只有爱哭爱闹而惹人烦心的娃娃。那是因为身体不舒服。婴儿没有凶恶的。但婴儿期很短，赤子之心很快就会消失。

小孩子渐渐成长，渐渐不乖，随着身体的发育，个性也增强，食欲也增强。孩子到了能吃糕饼的时期，就嘴馋，爱吃的东西吃个没完。个性和善的，还肯听大人的劝阻，倔强的，会哭哭闹闹争食。父母出于爱怜，往往纵容。孩子吃伤了，肚子疼了，就得吃苦药。生病吃药都是苦恼的，聪明孩子或乖孩子会记住，就肯听话克制自己。食欲强而任性的孩子，就得大人把好吃的东西藏起来。一般孩子，越大越贪吃，越大越自私，甚至只要自己吃，不让别人吃。但两岁三岁，还是孩子最可爱的时期，四岁五岁就开始讨厌了。我们家乡有几句老话："三克气（可爱），四有趣，五讨厌，六滞气（可厌），七岁八岁饶两年——或七岁八岁，猫也讨厌，狗也讨厌。"说的是虚岁。每个地方，都有类似的老话，因为这是普遍的情况，孩子越大越讨厌。为什么呢？

孩子的身体渐渐发育，虽然远未成熟，已能独立行动，能跑、能跳、能奔、能蹦。这个时期，孩子的"自我"冒出来了。孩子开始不乖的时候，还觉得自己应该乖；人家说他不乖，还觉得没趣或心虚。可是刚冒出头的"我"，自我感觉良好，一心只想突出自己。"人来疯"不就是要招人注意吗？

孩子好争强，爱卖弄，会吹牛，会撒谎。孩子贪吃争食，还会抢，还会偷，还会打骂吵架，欺负弱小。

孩子五六岁，早熟的，性欲也在觉醒。欲念愈多，身体的兽性愈强。西方人说，人有七大罪恶：骄傲、贪婪、淫邪、愤怒、贪食、嫉妒、懒惰。这七种罪恶，也包含了佛家所谓贪、嗔、痴。这种种罪恶，都植根于人的血肉之躯。孩子开始有"我"，各种罪恶都渐渐露出苗头来。

自高自大，争强好胜，就导致骄傲。要这要那，不论吃的、穿的、用的都要，就是贪婪。淫邪也就是佛家所谓"六欲"，指容色、体态的娇美，巧言娇笑的姿媚，以及皮肤细腻柔滑等所挑逗的情欲。传说小和尚随老和尚第一次下山，看见了女人，问这是什么东西。老和尚说，这是老虎，要吃人的。但小和尚上山后，别的不想，只想老虎。"沙弥思老虎"就是现成的例子。欲望受阻，不就激发恼怒或愤恨吗？贪吃不用说，哪个健康的孩子不贪吃呢？嫉妒也是常情，我不如人，我就嫉妒他。懒惰也是天生的，勤快需自己努力，一放松就懒了。

每一种罪恶都引发另一种或多种罪恶。譬如我骄傲，就容不得别人比我强；我胜不过他，就嫉妒他。嫉妒人，妒火中烧，自己也不好受。一旦看到我嫉妒的人遭遇不幸，不免幸灾乐祸。妒引起恨，恨他就想害他，要害人就不择手段了。这样一连串地由一个恶念会产生种种恶念。例如贪吃贪懒，就饱暖思淫。这时期的孩子，可说"众恶皆备于我矣"。

这里就要谈谈荀子"性恶论"。荀子认为人性本恶，善者伪也。据荀子《性恶》："不可学，不可事而在人者，谓之性。可学而能，可事而成之在人者，谓之伪。"

第一句说明“性”不是学来的，而是天生的。这话正可解释婴儿有灵性良心是婴儿的本性，是天生的。第二句说明：人能学，也能学好；这就是伪。“伪”指人为，不是虚伪。荀子认为人性本恶，要努力学好，才成好人。这确也是实情。但是人之初，性本善；人的劣根性是婴儿失去赤子之心以后，身体里的劣根性渐渐发展出来的。他说人性本恶，是忽略了人的婴儿阶段。忽略了最初的婴儿阶段，就否定了人的本性，也否定了他自己肯定的“不可学，不可事而在人为者谓之性”（这就是说，性是天生的）。“本性难移”是我们已经肯定的。如果本性恶，就改不好。人原先本性是好的，劣根性发展后变坏了，经过努力，还能改好。如本性是恶的，就改不好了。

我曾读到一则真实的记事。某英国人驯养了一头小老虎。老虎养大了，仍像猫狗似的跟在身边，和他很亲昵。一次，他睡熟了，老虎在旁舔他的手，表示亲爱。舔着舔着，舔出血来了。老虎舔到血腥，本性发作，把他的手咬来吃了。“本性难移”是不错的。能由人力改造自己，也说明人性本善，才改得好。荀子性恶之说是不全面的，有缺点的。但他说“善者伪也”，还得承认，人性本善，才学得好；否则荀子也难于自圆其说了。

一般五、六岁的孩子都上幼儿班了。在家有家长管教，在学校由老师管教，同学间也互相竞赛、互相督促、勉励。在家娇惯的孩子，在学校就争取做好学生了。孩子到了九岁、十岁，渐渐会改好。

小孩子自己也会管自己。例如小孩子怕吃苦药、怕打针。可是他们很有灵性，也懂道理。如果给他们讲明得吃药、得打针的道理，有的孩子就能吃苦药，也能忍痛，尽管噙着眼泪，撇着小嘴要哭，也能在大人的鼓励下，说“不苦”、“不痛”或“不怕”。有的小孩尽管事先和他讲明道理，事到临头，就哭闹着不肯承受了，得大人捉住胳臂打针，捏着鼻子灌药。因为个性不同，而孩子的克制功夫也强弱不同。

孩子接受家里的管教，接受学校里师长同学的熏陶，再加自己有灵性良心，能管制自己，以前在纵容下养成的种种劣根性，会有所改善。如果顽劣不受管教，或亲人一味纵容，这孩子会变成坏孩子。坏孩子多半是十六、七岁的未成年人。他们先是逃学，结交坏朋友，结成一伙，殴斗闯祸，无所不为，成了不受管教的坏孩子。这就是所谓“性相近也，习相远也。”不管不教，纵容放任，使未成年的苗子成了坏人。如果他憬然觉悟，仍然可以成为好人；而迷途知返，会比一般唯唯诺诺的人更好，所谓“浪子回头金不换”。西方人也说：浪子回家，该宰了肥牛款待。这是人的灵性良心，战胜了一己的私欲。

人，一方面有灵性良心，一方面又有个血肉之躯。灵性良心属于灵，“食色性也”属于肉，灵与肉是不和谐的。

不和谐的两方，必然引起矛盾。有矛盾必有斗争，有斗争必有胜负。胜者或是消灭对方，或是制服对方，又形成统一。斗争可以不断，但矛盾必求统一。统一之后的“我”，又成了什么面貌呢？这不是三言两语所能说明的。怎么斗，怎么统一，都值得另立专题，仔细探讨。

三　灵与肉的斗争和统一

（一）灵与肉既有矛盾，必有斗争；经过斗争，必有统一

1　斗争的双方

观察灵与肉的斗争，首先当分清双方阵容。

（1）一方面是肉体

肉体方面，我们往往只说"食色性也"，而忘了身躯的顶端，还有一个脑袋呢！这颗脑袋是身躯的重要部分，不容忽视。要明了人性内部的灵肉之争，就得对这部分躯体，有点儿基本的科学知识。

我们向来以为心是管思想的，我国一切有关思想的字，都带一个"心"字。"心之官则思"。其实心脏只

管身体的血液循环，管肺部的呼吸。左右上下四个心室，哪一室都不管思想。古埃及人也以为思想的是心，所以他们在保存尸体的时候，首先把生前无用而死后易腐的脑子挖掉。木乃伊是没有脑子的。古希腊人把思维归属头脑，把感情归属心，对了一半，错了一半。思想、感情、记忆、判断等，都靠脑子。脑子是一个非常精致而复杂的器官。

以下是撮述有名的美国《国家地理杂志》(*National Geographic*)二〇〇五年三月期里专论大脑的一节。我称基本知识，因为都是权威专家的定论了。

胎儿在母体四个星期后，母体每分钟产生五十万脑细胞。几星期后，脑细胞都聚集胎儿头部，三个月到六个月期间，脑细胞开始长出触须。一秒钟长两百万。触须互相联系成网络。胎儿不需要那么多脑细胞，所以胎儿出生前数星期间，过剩的脑细胞就按达尔文"适者生存"的规律淘汰了。胎儿出生时，对妈妈的声音已听惯了。胎儿在羊水里吸取妈妈的营养，所以对妈妈的口味也熟悉。各种官感，在大脑上各有划定的区域，各有名称。发明这一区界线的是哪位权威专家，他(她)的名字就是这一专区的名字。假如专管视觉的脑区有病——例如生了肿瘤，眼科医生在脑部动手术，只能在专管眼神经的区域动手术。如稍一不慎，侵入邻区，就把邻区所主管的器官损坏了。五官中发育最晚的是视觉。但胎儿出生两天后就认识妈妈。以后十八个月里，婴儿的头脑，好比浸泡在种种感觉里，从中汲取知识。一岁半的孩子，什么都学，什么都懂，是最可爱也最有趣的时期。

婴儿没有自我。他们的自我还没有产生呢。"自我"的意识，是在前额延伸至两耳的大脑皮层产生的。但"自我"在脑子里没有独自的领域，只在各种感觉的交流中逐渐形成，而且要在两岁以后才开始发展。发展的时期各人不同，都是逐渐成熟的。

记忆的细胞深藏在大脑的"海马区"（hippo-campus）内。这个"海马区"，在婴儿四岁时才成熟。所以婴儿四岁才记事。但早年的事也不是全不记得。大脑深处另有一个核状体（amygdala），在婴儿刚出生就起作用，能感受强烈的感情。婴儿出生后如果受到感情强烈的刺激，以后会在不知不觉中影响这孩子的感情和行为。

孩子在逐渐成长的过程中，脑子各区的生长发育各各不同。青春期之前，脑子的灰白质又会有突然的增长。成熟最晚的是前额的大脑皮层，人到二十五岁才算成熟。这个部分，决定我们的选择去取，策划未来，管制行为。这就是说，人的智力，要到二十五岁才开始成熟。

脑子成熟以后还在生长，还在改造，还能重组头脑。人生一世间，头脑直在不断地改造，老人的头脑也直在推陈出新。

以上种种专家的定论，和我们实际生活里能观察到的情况，都不谋而合。例如婴儿不自称“我”，一岁半最有趣懂事，三、四岁起开始有“我”（自我意识）等等。

脑子是感觉的中枢，脑科专家比作电脑的因特网。肉体各种感官感受到的种种感觉，形成各种情感和或强或弱的智力。强烈的情感，无论是喜、怒、哀、乐、爱、恶、惧七情中的哪一种，都要求满足或发泄，都和食、色一样不能压抑。而头脑里的智力，即使是开始成熟的智力，也不是人性中的灵性良心。头脑里的智力，首先是回护肉体。智力和感情同在一个躯体之内，是一帮的，总回护自己的感情，替感情想出种种歪理。有修养的人，能喜怒不形于色。但不形于色，未必喜怒不影响他的判断选择。要等感情得到了相当的满足或发泄，平静下来，智力才不受感情的驱使。

(2) 另一方面是灵性良心

灵性良心是人的本性，不依仗本性以外的任何支持。灵性良心不争不斗，只是屹立不动。灵性良心如日月之光，暂时会被云雾遮没，云消雾散之后，依然光明澄澈。肉的力量很强大，而灵的力量也不弱。

(3) 在灵与肉的斗争中，灵魂在哪一面？

我最初认为灵魂当然在灵的一面。可是仔细思考之后，很惊讶地发现，灵魂原来在肉的一面。

每个人具有一个附有灵魂的肉体。没有灵魂，肉体是死尸。死尸没有欲念，活人才要这要那。死尸没有知觉，没有感情，没有智力。死尸不会享受，压根儿不会斗争。灵魂附上肉体，结合为一，和肉体一同感受，一同有欲念，一同享受，一同放纵。除非像柏拉图对真正的哲学家所要求的那样，灵魂能“凝静自守，处于死的状态”，才不受肉体的干扰。但是活着的人，谁能让灵魂处于死的状态呢？我们的灵魂和肉体贴合成一体，拧成一股，拆不开，割不断。一旦分开，人就死了。灵魂要脱离肉体，那个肉体想必不好受。英国十八世纪的约翰生博士是最通达人情的。他说得妙：这么多的诗人文人做诗写文章表示死并不可怕，正好说明死是可怕的。我们得承认灵魂和肉体是难分难舍的一体。在灵与肉的斗争中，灵魂和肉体是一伙，自称“我”。灵性良心是斗争的对方，是“我”的敌对面。

灵魂虽然带上一个“灵”字，并不灵，只是一条人命罢了。在灵与肉的斗争中，灵魂显然是在肉体的一面。

这是肯定又肯定的。

2 灵与肉怎样斗

肉体的一面自称“我”。这个“我”,有无穷的欲念,要吃好的,要喝好的,要讲究衣着,要居处舒适,要游玩嬉戏,要恋爱,又喜新厌旧,要恣意享受,纵情逞欲,没个餍足。人的灵性良心却时时刻刻在管制自己的肉体,不该要这要那,不该纵欲放肆,这事不该做,那事不合适。“我”如果听受管制,就超越了原先的“我”而成了另一个“我”。原先的“我”是代表肉体的“我”,称“小我”。超越了肉体的“我”称“大我”或“超我”。这个“大我”或“超我”就是斗争统一以后的另一个面貌。

从前《伦理学》或哲学教科书上都有“小我”、“大我”之称。据上一个世纪八、九十年代的心理哲学家弗洛伊德(Sigmund Freud 1856-1939)的学识,人的心理结构分为三个部分:“本我”、“自我”和“超我”。“本我”是生理的、本能的、无意识的东西,缺乏逻辑性,只是追求满足,无视社会价值。这个“我”,恰恰相当于上文的“小我”。“自我”是理性的,通达事理的,与激情的“本我”相对,是可以控制的。“超我”负有监督“本我”的使命,有道德良心、负罪感,具有自我观察、为自我规划理想的功能。这第二、第三个“我”,恰恰就是我所说的听受灵性良心管制的“我”，也就是上文所称“大我”或“超我”。（参看《弗洛伊德的智慧》第一章第一页——北京：中国电影出版社，2005年版）

弗洛伊德的分析是专门之学，我这里只用来解释我们通用的“大我”、“小我”，同时也证明我采用“灵性良心”之称，和他的理论正也合拍。下文我仍用“小我”、“大我”或“超我”，免得弗洛伊德所使用的许多名称，干扰本文的思路。

孔子曰“已矣乎，吾未见能见其过而内自讼者也。”（《公冶长第五》）。“内自讼”就是灵与肉的斗争，通常称“天人交战”，也就是“小我”与“大我”的斗争。斗争在内心，当着孔夫子，当然不敢暴露了。

我倒是有缘见过一瞥。一九三八年，我自海外来到上海的“孤岛”，我的两个女友邀我同上馆子吃晚饭。我们下了公交车还要跨越四马路，恰逢“野鸡”拉客。一个个浓施脂粉的“野鸡”由鸨母押着在马路边上拉客。穿长衫或西装的她们不拉，只喊“来嘘！来嘘！”有的过客不待拉，看中一个“野鸡”，跟着就走。我看见一个穿粗布短褂的小伙子，一望而知是初到上海的乡下佬。“野鸡”和老鸨拉住死拽。我看见那小伙子在“天人交战”。他忽也看见我在看他，脸上露出尴尬的似笑非笑。当时我被两位女友夹持着急急前行，只看到那一瞥，不过我已拿定那小伙子的灵性良心是输定了。

（二）灵与肉的统一

肉体的欲望，和人性里的灵性良心是不一致的。同在一个躯体之内，矛盾不得解决，会导致精神分裂。矛盾必然要求统一。如果是计较个人的利害得失，就需要反复考虑，仔细斟酌。如果只是欲念的克制，斗争可以反复，但往往是比较快速的。如果是一时一事，斗争的结果或是东风压倒西风，或西风压倒东风。每个人一辈子的行为，并不是一贯的。旁人对他的认识，也总是不全面的。尽管看到了他的一生，各人所见也各不相同。不过灵与肉的斗争，也略有常规。灵性良心不能压倒血肉之躯，只能适度让步。灵性良心完全占上风的不多。血肉之躯吞没灵性良心，倒也不少。而最常见的，是不同程度的妥协。

1　灵性良心占上风

灵性良心人人都有。经常凭灵性良心来克制自己，就是修养。这是一种功力，在修炼中逐渐增强，逐渐坚定。灵性良心占上风是能做到的；灵性良心完全消灭肉欲，可说办不到。我见过两位与众不同的修士，他们是职业修士，衣、食、住都现成，如果是普通老百姓，要养家糊口，教育儿女，赡养父母，就不能专心一意地修行了。

我偶在报上看到一则报道（2006年10月18日《文汇报》），说上海徐汇商业区有一栋写字楼，原先是上海最大的天文台。我立即记起徐汇区天文台的创始人劳神父（Père Robert）。徐汇区天文台是马相伯领导下，由劳神父创办的小天文台扩大的。原先那个小天文台，只怕见过的没几个人了。那是一座简陋的小洋房，上面虚架着一间小屋，由露天的梯状楼梯和一条扶手通连上下。架空的小屋里有一架望远镜，可观察天体。劳神父每夜在那里观看天象。楼下是物理实验室，因为劳神父是物理学家。他的职业是徐家汇圣母院的驻堂神父，业余研究物理，曾有多种发明，如外白渡桥顶的气球，每日中午十二点准时升起，准确无误，相当于旧时北京正午十二时放的“午时炮”。劳神父日日夜夜工作，使我想起有道行的和尚，吃个半饥不饱，晚上从不放倒头睡觉，只在蒲团上打坐。不过，劳神父是日夜工作。我在启明上学时，大姐姐带我去看劳神父，他就和我讲有趣的故事，大概这就是他的休息。在我心目中，他是克制肉欲，顺从灵性良心的模范人物。

上海至今还有一条纪念他的劳神父路。

还有一位是修女礼姆姆，我在启明上学时的校长姆姆。教会也是官场。她没有后台，当了二十多年校长，暮年给一位有后台的修女挤出校长办公室，成了一名打杂的劳务工。她驯顺勤谨地干活儿，除了晚上规定的睡眠，一辈子没闲过，直到她倒地死去。她的尸体，由人抬放床上，等待装入棺材。她死了好半天，那颗心脏休闲了一下，忽又跳动起来。她立即起身下床工作，好像没死过一样。她又照常工作了好多天，不记得是十几天或几十天后，又倒地死了。这回没有再活过来。

这两位修士，可说是灵性良心占上风，克制了肉欲。但他们是职业修士。在我们普通人之间，道高德劭，能克己为人的也不少，很多默默无闻的人都做到了克制“小我”而让灵性良心占上风。尽管他们达不到十全十美，人毕竟是血肉之躯，带些缺点，更富有人情味吧。只要能认识自己的缺点，不自欺欺人，就很了不起了。

2　灵性良心被弃置不顾

修养不足就容易受物欲的引诱，名利心重就顾不到灵性良心了。我们这个人世原是个名利场，是争名夺利、争权夺位的战场。不是说吗，一部二十四史只是一部战争史。争城、争地、争石油、争财富，哪一时、哪一处不是争夺呢？官场当然是战场，商场也是战场，国际间更是赤裸裸的战场。战场上就是你死我活的打仗了。打仗讲究的是兵法。兵不厌诈。愈奸愈诈，愈能出奇制胜。哪个迂夫子在战场上讲仁义道德，只好安于"君子固穷"了。战场上，进攻自卫都忙得措手不及，哪有闲暇讲究是非、曲直、善恶、公正呢？灵性良心都一笔抹杀了。

我九岁家居上海时，贴邻是江苏某督军的小公馆，全弄堂的房子都是他家出租的。他家正在近旁花园里兴建新居。这位督军晚年吃素念佛，每天高唱南无阿弥陀佛。我隔窗看得见他身披袈裟，一面号佛，一面跪拜。老人不停地下跪又起身，起身又下跪，十分吃力。他声音悲怆，我听了很可怜他。该是他在人间的"战场上"造孽多端，当年把灵性良心撇开不顾，垂老又良心发现了。

我十二岁迁居苏州。近邻有个无恶不作的猪仔议员。常言："好事不出门，恶事传千里。"他怎样不择手段，巧取豪夺，同巷人家都知道。他晚年也良心发现，也信佛忏悔，被一个和尚骗去大量钱财。这种人，为一身的享受，肯定把灵性良心弃置不顾了，但灵性良心是压不灭的。

也有一种人，自我膨胀，吞没了灵性良心。有一句至今还流行的俏皮话："墨索里尼永远是正确的，尤其是他错误的时候。"他的自我无限膨胀，灵性良心全给压抑了。希特勒大规模屠杀犹太人，已是灭绝天良。只有极权独裁的魔君，才能这般骄横。他们失败自杀的时候，不知他们的灵性良心会不会再现。

曹操因怀疑而杀了故人吕伯奢一家八口，不由得感到凄怆。但他自有歪理："宁我负人，毋人负我。"这两句名言，出自几部正史。曹操也确是这样待人的。他的《短歌行》末首："山不厌高，水不厌深，周公吐哺，天下归心。"流露了他的帝皇思想。虽然他一辈子只是挟天子以令诸侯，没自己称帝，他显然野心极高，要天下人都归心于他呢。而他又心地狭隘，只容得一个自己，谁碍着他的道儿，就该杀。他杀了多少有才华、有识见的人啊！难怪他为了这两句话，被人称为奸雄。西方成语"说到魔鬼，魔鬼就到"；我国成语"说到曹操，曹操就到"。曹操竟和魔鬼并称了。他临死的遗命是矛盾的。他先要把身边那许多侍妾嫁掉，后来又要她们殉葬。他始终没让灵性良心克制他的私心。

3　灵与肉的妥协

所谓妥协，需要解释。因为灵性良心既然不争不斗，屹立不动，灵性良心是不妥协的。妥协的是代表肉体和灵魂的“我”。不断斗争是要求彻底消灭对方。可是“彻底”是做不到的。斗争的双方都做不到。灵性良心不能彻底消灭，“我”的私心也不能彻底消灭。就连只有显微镜才能看到的细微的病菌，哪一种病菌能彻底消灭呀？人情好逸恶劳，斗来斗去，疲倦了，就想歇歇了。而人之常情又不肯认输。倦怠了，就对自己说：“行了，可以了”，于是停止了战斗而对自己放松了。我们往往说：“世上还是好人多”。这就是说，大凶大恶只是少数，完美的圣人也只是极少数的。处于中间地位的大多数，虽然不是圣人，也算是好人了，其实他们只是对自己不够明智，不自觉地宽容了自己，都自以为已经克制了“小我”，超脱了私心，不必再为难自己，可以心安理得了。其实他们远没有达到这个境界，只是不同程度的自欺欺人。自欺不是故意，只是自知之明不足，没看透自己。

我偶读传记，读到一位科学家，一生淡泊名利，孜孜矻矻钻研他的专业，他也称得“躬行君子”了。他暮年听说他的同学得了诺贝尔奖金，怅然自失，可见他求的不仅仅是学识，还有点名利思想吧？还有一位爱国爱人的军官，视士兵如家人子弟，自奉菲薄而待人宽厚，他也是人人称道的英雄了。忽一天他听说他的同僚升任大元帅了，他怅然自失。可见他还未超脱对名位的企慕。他们称得上是有修养的人了，可是多少人能修养得完全超脱“我”的私心呢？多少人能看透自己呢？认识自己，岂是容易！

照镜子可以照见自己的相貌。如果这人的脸是歪的，天天照镜子，看惯了，就不觉得歪了。丑人照镜子，总看不到自己多么丑，只看到别人所看不到的美。自命潇洒的“帅哥”，照不见他本相的浮滑或鄙俗。因为我们镜子里的“镜中人”，总是自己心目中的“意中人”，并不是自己的真面目。面貌尚且如此，何况人的品性呢！每个人自负为怎样的人，就以为自己是这样的人。每个人都不同程度地自欺欺人，这就是所谓“妥协”。

孔子常常说：不患人之不己知，患不知人也。我还要进一步说，患不自知也。

（三）灵与肉的斗争中，谁做主？

每个人如回顾自己一生的经历，会看到某事错了，某事是不该的。但当时或是出于私心，或是出于无知，或虚荣，或骄矜等等，于是做了不该做的事，或该做的没做，犯了种种错误。而事情已成过去。灵性良心事

后负疚抱愧，已追悔莫及。当时却是不由自主。

我曾读过柏格森（Henri Bergson 1859-1941）的《时间与自由意志》（*Time and Free Will*）。读时想必半懂不懂，所以全书的内容和结论全都忘了，只记得一句时常萦回心头的话：人在当时处境中，像漩涡中的一片落叶或枯草，身不由己。

不错啊，人做得了主吗？

四　命与天命

（一）人生有命

神明的大自然，对每个人都平等。不论贫富尊卑、上智下愚，都有灵魂，都有个性，都有人性。但是每个人的出身和遭遇、天赋的资质才能，却远不平等。有富贵的，有贫贱的，有天才，有低能，有美人，有丑八怪。凭什么呢？人各有“命”。“命”是全不讲理的。孔子曾慨叹：“命也夫！斯人也而有斯疾也！斯人也而有斯疾也！”（《雍也第六》）是命，就犟不过。所以只好认命。“不知命，无以为君子”。（《尧曰二十》）曾国藩顶讲实际，据说他不信天，信命。许多人辛勤一世，总是不得意，老来叹口气说：“服服命吧。”

我爸爸不信命，我家从不算命。我上大学二年级的暑假，特地到上海报考转学清华，准考证已领到，正准备转学考试。不料我大弟由肺结核忽转为急性脑膜炎，高烧七、八天后，半夜去世了。全家都起来了没再睡。正逢酷暑，天亮就入殓。我那天够紧张的。我妈妈因我大姐姐是教徒，入殓奉行的一套迷信规矩，都托付了我。有部分在大弟病中就办了。我负责一一照办，直到盖上棺材。丧事自有家人管，不到一天全办完了。

下午，我浴后到后园乘凉，后园只有二姑妈和一个弟弟、两个妹妹，（爸爸妈妈都在屋里没出来）忽听得墙外有个弹弦子的走过，这是苏州有名的算命瞎子"梆冈冈"。因为他弹的弦子是这个声调，"梆冈冈"就成了他的名字。不记得是弟弟还是七妹妹建议叫瞎子进来算个命，想借此安慰妈妈。二姑妈懂得怎样算命，她常住我们家，知道每个人的"八字"。她也同意了。我们就叫女佣开了后门把瞎子引进园来。

瞎子一手抱着弦子，由女佣拉着他的手杖引进园来，他坐定后，问我们算啥。我们说"问病"。二姑妈报了大弟的"八字"。瞎子掐指一算，摇头说："好不了，天克地冲"。我们怀疑瞎子知道我家有丧事，因为那天大门口搭着丧棚呢。其实，我家的前门、后门之间，有五亩地的距离，瞎子无从知道。可是我们肯定瞎子是知道的，所以一说就对。我们要考考他。我们的三姐两年前生的第一个孩子是男孩，不到百日就夭折了。他的“八字”二姑妈也知道。我们就请瞎子算这死孩子的命。瞎子掐指一算，勃然大怒，发作道：“你们家怎么回事，拿人家‘寻开心’（苏州话，指开玩笑）的吗！这个孩子有命无数，早死了！”瞎子气得脸都青了。我和弟弟妹妹很抱歉，又请他算了爸爸、妈妈、弟弟和三姊姊的命——其他姐妹都是未出阁的小姐，不兴得算命。瞎子虽然只略说几句，都很准。他赚了好多钱，满意而去。我第一次见识了算命。我们把算命瞎子的话报告了妈妈，妈妈听了也得到些安慰。那天正是清华转学考试的第一天，我恰恰错过。我一心要做清华本科生，末一个机会又错过了，也算是命吧？不过我只信“槲冈冈”会算，并不是对每个算命的都信。而且既是命中注定，算不算都一样，很不必事先去算。

我和钱锺书结婚前，钱家要我的“八字”。爸爸说：“从前男女不相识，用双方八字合婚。现在已经订婚，还问什么‘八字’？如果‘八字’不合，怎办？”所以钱家不知道我的“八字”。我公公《年谱》上，有我的“八字”，他自己也知道不准确。我们结婚后离家出国之前，我公公交给我一份钱锺书的命书。我记得开头说：“父猪母鼠，妻小一岁，命中注定。”算命照例先要问几句早年的大事。料想我公公老实，一定给套出了实话，所以我对那份命书全都不信了。那份命书是终身的命，批得很详细,每步运都有批语。可是短期内无由断定准不准。末一句我还记得:"六旬又八载,一去料不返。"批语是:"夕阳西下数已终。"

我后来才知道那份命书称"铁板算命"。一个时辰有一百二十分钟,"铁板算命"把一个时辰分作几段算,所以特准。锺书沦陷在上海的时候,有个拜门弟子最迷信算命,特地用十石好米拜名师学算命。"铁板算命"就是他给我讲的。他也曾把钱先生的命给他师父算,算出来的结果和"铁板算命"的都相仿,只是命更短。我们由干校回北京后,"流亡"北师大那年,锺书大病送医院抢救,据那位算命专家说,那年就可能丧命。据那位拜门学生说,一般算命的,只说过了哪一年的关,多少年后又有一关,总把寿命尽量拉长,决不说"一去料不返"或"数已终"这等斩绝的话。但锺书享年八十八岁,足足多了二十年,而且在他坎坷一生中,运道最好,除了末后大病的几年。不知那位"铁板算命"的又怎么解释。

这位拜门弟子家赀巨万,早年丧父,寡母善理财,也信命。她算定家产要荡尽,儿子赖贵人扶助,贵人就是钱先生。所以她郑重把儿子托付给先生。她儿子相貌俊秀,在有名的教会大学上学,许多漂亮小姐看中他,其中有一位是钱家的亲戚。小姐的妈妈央我做媒。

可是这个学生不中意。他说，除非钱先生、杨先生命令他。我说：婚姻是终身大事，父母都不能命令，我们怎能命令；只是小姐顶好，为什么坚决不要。他觉得不便说明他迷信命，只悄悄告诉我什么理由，嘱我不要说出来。原来他生肖属鼠，鼠是“子”，“子”是水之源。小姐属猪，猪是“亥”，“亥”是“壬”，“壬”水是大水。子水加壬水，不就把他家赀全都冲掉了吗？所以这位小姐断断娶不得。我不能把他嘱我不说的“悄悄话”给捅出来，只说他们两个是同学，何必媒人。但男方无意提亲，女方极需媒人。我一再推辞，女方的妈妈会怀疑我有私心，要把她女儿钟情的人留给自己的妹妹杨必呢。这个学生真的看中杨必，因为杨必大他两岁，属狗，狗是戌，戌是火土，可以治水。那时我爸爸已去世。这学生的妈妈找了我的大姐姐和三姐姐，正式求亲，说结了婚一同出国留学。杨必断然拒绝。我对这学生说：你该找你的算命师父找合适的人。他说，算命师父说过，最合适是小他两岁的老虎。

解放后，我们一家三口离开上海，到了清华。院系调整后，一九五三或一九五四年，我们住中关园的时候，这位学生陪着他妈妈到北京游览，特来看望我们。他没头没脑地悄悄对我说：“结婚了，小我两岁的老虎，算命师父给找的。”

不久后，他的妈妈被捕了。这位拜门弟子曾告诉我：他妈妈不藏黄金，嫌笨重；她收藏最珍贵的宝石和钻石，比黄金值钱得多。解放后她交出了她的厂和她的店，珍宝藏在小型保险柜里，保险柜砌在家中墙内，她以为千稳万妥了。一次她带了少许珍宝到香港去变卖，未出境就被捕，关押了一年。家中全部珍宝都由国家作价收购。重很多克拉、熠熠闪蓝光的钻石，只作价一千人民币。命中注定要荡尽的家产，就这么荡尽了。

接下来，柯庆施要把上海城中居民迁往农村的计划虽然没有实施，这个学生的户口却是给迁入农村了。他妈妈已经去世，他妻子儿女仍住上海，只他单身下乡。他不会劳动，吃商品粮，每月得交若干元伙食费。我们寄多少钱，乡里人全知道。寄多了，大家就来借，所以只能寄十几元。他过两三个月可回上海探亲，就能汇几百。直到改革开放之后，他才得落实政策，恢复户籍，还当上了上海市政协委员。那时出国访问的人置备行装，往往向他请教，因为他懂得怎样打扮有派头，怎样时髦。“贵人扶助”云云，实在惭愧，不过每月十数元而已，但是他的命确也应了。

我妹妹杨必有个极聪明的中学同学，英文成绩特好。解放后，她听信星命家的话，想到香港求好运，未出境就半途被捕，投入劳改营。她因为要逃避某一劳役，疏通了医生，为她伪造了患严重肝炎的证明。劳改期满，由人推荐，北京外文出版社要她任职，但得知她有严重肝炎，就不敢要她了。她出不了劳改营，只好和一个劳改人员结了婚，一辈子就在劳改营工作。好好一个人才，可惜了。这也只好说是命中注定了。

上海有个极有名的星命家，我忘了他的姓名，但想必有人记得，因为他很有名。抗日胜利前夕，盛传上海要遭美军地毯式轰炸。避难上海的又纷纷逃出。这位专家算定自己这年横死。算命的都妄想趋吉避凶，他就逃到香港去，以为横死的灾厄已经躲过。有一天在朋友家吃晚饭，饭后回寓，适逢戒严，他中弹身亡。这事一时盛传，许多人都惊奇他命理精确。但既已命定，怎又逃得了呢？我料想杨必的那个朋友到香港去，也是趋吉避凶。

“生死有命”是老话。人生的穷通寿夭确是有命。用一定的方式算命，也是实际生活中大家知道的事。西方人有句老话：“命中该受绞刑的人，决不会淹死。”我国的人不但算命，还信相面，例如《麻衣相法》就是讲相面的法则。相信相面的，认为面相更能表达性格。吉普赛人看手纹，预言一生命运。我翻译过西班牙的书，主人公也信算命，大概是受摩尔人的影响。西方人只说“性格即命运”或“性格决定命运”。反正一般人都知道人生有命,命运是不容否定的。

(二)命　理

我认为命运最不讲理。傻蛋、笨蛋、浑蛋安享富贵尊荣,不学无术的可以一辈子欺世盗名。有才华、有品德的人多灾多难,恶人当权得势,好人吃苦受害。所以司命者称“造化小儿”。“造化小儿”是胡闹不负责任的任性孩子。我们常说“造化弄人”。西方人常说“命运的讽刺”(irony of fate),并且常把司命之神比作没头脑的轻浮女人,她不知好歹,喜怒无常。所以有句谚语:“如果你碰上好运,赶紧抓着她额前的头发,因为她背后没有可抓的东西了。”也就是说,好运错过就失掉了,这也意味着司命之神的轻浮任性。

可怪的是我认为全不讲理的命,可用各种方式计算,算出来的结果可以相同。这不就证明命有命理吗?没有理,怎能算呢?精通命理的能推算得很准。有些算命的只会背口诀,不知变通,就算不准。

算命靠“八字”。“八字”分年、月、日、时“四柱”。每一“柱”由一个“天干”一个“地支”组成。甲乙丙丁戊己庚辛壬癸十个天干,子丑寅卯辰巳午未申酉戌亥十二个地支，搭配成六十种不同的天干地支。六十年称一个甲子。第一柱决定出生的时间和境地，父母和家世等等。第三柱是命主。阴阳五行金、木、水、火、土，各有不同的性质，也就成了这个人的性格。甲乙是木，丙丁是火，戊己是土，庚辛是金，壬癸是水。“八字”称“命造”，由“命造”推算出“运途”。“命造”相当于西方人所谓“性格”（character）；“运途”相当于西方人所谓命运（destiny）。一般星命家把“命造”譬喻“船”，“运途”譬喻“河”。“船”只在“河”里走。十年一运，分两步走。命有好坏，运亦有好坏。命造不好而运途通畅的，就是上文所说的笨蛋、浑蛋安享富贵尊荣，不学无术可以欺世盗名。命好而运不好，就是有才能、有品德的人受排挤，受嫉妒，一生困顿不遇。命劣运劣，那就一生贫贱。但“运途”总是曲曲弯弯的，经常转向。一步运，一拐弯。而且大运之外还有岁运，讲究很多。连续二、三十年好运的不多，一辈子好运的更不多。我无意学算命，以上只是偶尔听到的一些皮毛之学。

孔子晚年喜欢《周易》，作《说卦》、《序卦》、《系辞》、《文言》等，都是讲究阴阳、盈虚、消长的种种道理，类似算命占卜。反正有数才能算，有一定的理才能算。不然的话，何以算起呢？

（三）人能做主吗？

既然人生有命，为人一世，都不由自主了。那么，“我”还有什么责任呢？随遇而安，得过且过就行了。

人不能自己做主，可以从自己的经验来说。回顾自己一生，许多事情是不由自主的，但有些事是否由命定，或由性格决定，或由自由意志，值得追究。

抗日胜利后，国民党政府某高官曾许钱锺书一个联合国教科文组织的职位。锺书一口拒绝不要。我认为在联合国任职很理想，为什么一口拒绝呢？锺书对我解释：“那是胡萝卜。”他不受“胡萝卜”的引诱，也不受“大棒”的驱使。我认为他受到某高官的赏识是命。但他“不吃胡萝卜”是他的性格，也是他的自由意志。因为在那个时期，这个职位是非常吃香的。要有他的聪明，有他的个性，才不加思考一口拒绝。

抗日胜利不久，解放战争又起。许多人惶惶然只想往国外逃跑。我们的思想并不进步。我们读过许多反动的小说，都是形容苏联“铁幕”后的生活情况，尤其是知识分子的处境，所以我们对共产党不免害怕。劝我们离开祖国的，提供种种方便，并为我们两人都安排了很好的工作。出国也不止一条路。劝我们留待解放的，有郑振铎先生、吴晗、袁震夫妇等。他们说共产党重视知识分子。这话我们相信。但我们自知不是有用的知识分子。我们不是科学家，也不是能以马列主义为准则的文人。我们这种自由思想的文人是没用的。我们考虑再三，还是舍不得离开父母之邦，料想安安分分，坐坐冷板凳，粗茶淡饭过日子，做驯顺的良民，终归是可以的。这是我们自己的选择，不是不得已。

又如我二十八岁做中学校长，可说是命。我自知不是校长的料，我只答应母校校长王季玉先生帮她把上海分校办成。当初说定半年，后来延长至一年。季玉先生硬是不让我辞。这是我和季玉先生斗志了。做下去是千顺百顺，辞职是逆水行舟，还兼逆风，步步艰难。但是我硬是辞了。当时我需要工作，需要工资，好好的中学校长不做，做了个代课的小学教员。这不是不得已，是我的选择。因为我认为我如听从季玉先生的要求，就是顺从她的期望，一辈子承继她的职务了。我是想从事创作。这话我不敢说也不敢想，只知我绝不愿做校长。我坚决辞职是我的选择，是我坚持自己的意志。绝不是命。但我业余创作的剧本立即上演，而且上演成功，该说是命。我虽然辞去校长，名义上我仍是校长，因为接任的校长只是“代理”，学生文凭上，校长仍是我的名字，我的印章。随后珍珠港事变，“孤岛”沉没，分校解散，我要做校长也没有机缘了。但我的辞职，无论如何不能说是命，是我的选择。也许可说，我命中有两年校长的运吧。

我们如果反思一生的经历，都是当时处境使然，不由自主。但是关键时刻，做主的还是自己。算命的把“命造”比作船，把“运途”比作河，船只能在河里走。但“命造”里，还有“命主”呢？如果船要搁浅或倾覆的时候，船里还有个“我”在做主，也可说是这人的个性做主。这就是所谓个性决定命运了。烈士杀身成仁，忠臣为国捐躯，能说不是他们的选择而是命中注定的吗？他们是倾听灵性良心的呼唤，宁死不屈。如果贪生怕死，就不由自主了。宁死不屈，是坚决的选择，绝非不由自主。做主的是人，不是命。

第二次大战开始，日寇侵入中国。无锡市沦陷后，钱家曾有个男仆家居无锡农村，得知南京已失守，无锡又失守，就在他家晒粮食的场上，用土法筑了一座能烧死人的大柴堆，全家老少五六口人，一个个跳入火中烧死。南京失守，日寇屠杀人民、奸污妇女的事，很快就传到无锡了。他们不愿受奸污、被屠杀，全家投火自焚。老百姓未必懂得什么殉国，但他们的行为就是殉国呀！能说他们的行为不是自己的选择，而是不由自主吗？这事是逃到上海的本乡人特到钱家报告的。钱锺书已去昆明，我不知道他们的姓名。

（四）命由天定，故称天命

我们看到的命运是毫无道理的，专开玩笑，惯爱捉弄人，惯爱捣乱。无论中外，对命运的看法都一致。神明的天，怎能让造化小儿玩弄世人，统治人世呢？不能服命的人，就对上天的神明产生了怀疑。

我们思考问题，不能轻心大意地肯定，也不能逢到疑惑就轻心大意地否定。这样，我们就失去思考的能力，走入迷宫，在迷茫中怀疑、失望而绝望了。我们可以迷惑不解，但是可以设想其中或有缘故。因为上天的神明，岂是人人都能理解的呢。

造化小儿的胡作非为，造成了一个不合理的人世。但是让我们生存的这么一个小小的地球，能是世人的归宿处吗？又安知这个不合理的人间，正是神明的大自然故意安排的呢？如果上天神明，不会容许造化小儿统治人间。孔子不止一次称“天命”，不仅仅称“天命”，还说“君子有三畏”。第一就是“畏天命，……小人不知天命而不畏也”(《季氏十六》)。这是带着敬畏之心,承认命由天定。

五　万物之灵

我们很不必为了人世的不合理而沮丧。不论人世怎么不合理，人类毕竟是世间万物之灵。

人是动物里最灵的，因为人是有智慧的动物。狮子称百兽之王，只是兽中之王。狮子猎得小动物，只会连毛带血吃。人类却懂得熟食。我幼年的教科书上说，燧人氏钻木取火，后稷教民稼穑，不记得哪位圣贤又教民畜牧，豢养了马牛羊、鸡犬豕，有的帮人干活儿，有的供人食用。人类还发明了一系列的烹调用具，烹调出连汤带汁的美味。西方没有燧人氏，却有天神相助，盗取了天上的火种送给人类。反正不论东方西方，人类都知道取火用火的方法。稼穑，就是把土地耕耘种植，地里就出产稻、粱、菽、麦、黍、稷，供人当饭吃。嫘祖教民养蚕，丝绸是中国最早发明的。中国先有麻布，后有棉布。棉布也是由中国输入欧洲的（参看《老圃遗文辑》512 页，《梧桐布由华入欧考》长江文艺出版社 1993 年版)。人类不仅穿衣服,还讲究服饰的精致美观。人类不穴居野处,而建造宫室,又造桥、造路、造车、造船。

仓颉又创造了文字,可以保存文化,传布文化。人类出类拔萃的精英,很自然地成了群众的领袖。他们建立学校,教育人民怎样去寻求真理,泛爱众人,讲求仁义道德。人类由物质文明,进入精神文明了。

人类并不靠天神教导,人的本性里有灵性良心。在灵性良心的指引下,人人都有高于物质的要求。古今中外,都追求真理,追求善良,追求完美公正等等美德。

比如说,人类知道天圆地方之说是错误的,知道地球中心论是错误的,伽利略(Galileo 1564-1642)发明了望远镜,证实地球是太阳系里的一颗小小的行星,他虽然遭天主教会的压迫,险得判处火刑,一辈子受尽委屈,可是一代又一代的科学家,懂得明辨是非,坚持真理,认识到错误,就纠正错误,直到放之四海而皆准,还无休无止地追求完善详尽。

我上小学的时候,课程表上不称星期一、星期二、三、四、五、六等,也不称星期日,称日曜日。星期一到星期六都以行星命名,依次为月、火、水、木、金、土。英文、法文的星期名称,也同样是采用星球的名称,例如星期一，英文、法文都是月曜日。从前只有六个行星。现在八大行星之外，又发现了新的行星。这也不过一百年之间的事呀！人类对真实世界追求认识，无休无止。求真实，就不肯停留在错误的认识上。

我们的正义感也是出于本性的。一代又一代的志士仁人，为了维持正义，不怕和暴力斗争。尽管有权有势的人以权谋私，贪污腐败；尽管推翻了一代暴君，又产生一代暴君，例如法国十八世纪推翻路易王朝的罗伯斯庇尔（Robespierre 1758-1794）高呼自由、平等、博爱，掌权得势后杀人如麻，称为“恐怖的统治”，随后自己也上了断头台；贪污腐败的官吏清除了一批，又会滋生一批，但是清廉的官，终究是老百姓希望而又爱戴的“青天大老爷”。我国的包拯不就成了“包青天”吗？敢对当朝暴行提出抗议的还代代有人，不惜杀身成仁。

我国的孔子最平易近人。他曾一再说：“不在其位，不谋其政”（《泰伯》《宪问》），他曾说：“道不行，乘槎浮于海……”（《公冶长》），也曾说：“用之则行，舍之则藏”，也曾赞许曾点：“春服既成，……”带几个青少年“浴乎沂，风乎舞雩，咏而归”（《先进十一》）。可是他暮年看定自己“莫我知也夫”（《宪问》）；“道之不行，已知之矣”（《微子十八》）；“吾已矣乎”（《子罕》）。可是他并没有乘槎浮于海，也没有春游散心，孔子六十八岁了，退而删《诗》《书》，作《春秋》。作《春秋》，就是在左丘明的传记上，加上按语，用简约而恰当的一字、两字，或贬或褒，评点了某人某事的是与非、该或不该。他的评语真是一字千钧。能“使天下乱臣贼子惧”。他尽可以教教学生，不问世事了。可是还是要用他的春秋笔法来维持正义，和乱臣贼子作斗争。不管别人是了解或责怪，他只顺从自己的灵性良心行事。

当时流行的诗歌有三千多，孔子从中选了三百零五首。不仅文字美，音韵也美。《诗经》成了一件完美之艺术品。

人类已有六千多年的文明，和其他动物相比，人类卓然不同了。世界各国的博物馆、图书馆、美术馆所储藏的哲学、科学、文学、政治、经济、历史和艺术等书籍，以及工艺品、美术品等文物，不都具体证明人是万物之灵吗？

六 人类的文明

人类的智力，超越了其他动物的智力；人类本性的灵性良心，也超越了其他动物的良知良能。人类很了不起，天生万物，数人类最灵，创造了人类的文明。禽兽是不会创造的，禽兽只能在博物馆里充当标本而已。万物之灵，果然是万物之灵。

人类创造了人类的文明，证实了人是万物之灵。但是本末不能颠倒：人称万物之灵，并不因为创造了人类的文明；人的可贵，也不在于人类创造的文明。人类的文明只是部分人类的成绩，人类中还有许许多多没有文化的呢。没有文化的人，怎能创造文化？但他们并不因此就成了禽兽而不是万物之灵呀！

（一）人的可贵在于人的本身

天生万物，人为万物之灵。人的可贵在于人的本身，不在于他创造的文明。人类的文明，当然有它的价值，价值还很高呢，但决不是天地生人的目标。理由有四：

（1）如果天地生人是为了人类的文明，那么，人类的文明，该是永恒不灭的。但是人类的文明能持久吗？例如古埃及的文明，古希腊的文明，巴比伦的文明，大食古国的文明，玛雅人的文明等等，不都由盛而衰，由衰而亡了吗？

（2）如果天地生人是为了人类的文明，那么，人类的文明，该是有益于人类发展生存的。的确，社会各界的医学家、经济学家、法学家、社会学家、农业学家、建筑学家以至文学艺术家等等，以及各国领导人，都尽心竭力为人民谋福利。可是文明社会要求经济发达，要求生产增长、消费增长，于是工厂增多，大自然遭受污染，大自然的生态受到破坏，水源污染了，地下水逐渐干涸，臭氧层已经破裂，北极的冰山正在迅速融化，海水在上涨，陆地在下沉，许多物种濒临灭绝。人间的疾病在增多，抗药的病菌愈加顽强了。满地战火，人间还在玩火，孜孜研制杀伤性更为狠毒的武器，商略冷战、热战的种种手段。人类的文明确很可观。人能制造飞船，冲出太空，登上月球了。能在太空行走了。能勘探邻近的星球上哪里可能有水，哪里可能有空气，好像准备在邻近的星球上争夺地盘了。我们这个破旧的地球，快要报废了吧？

(3) 如果天地生人，目的是人类的文明，那么，天地生就的人，不该这么无知，这么无能，虽是万物之灵，却是万般无奈，顾此失彼，而大部分人还醉生梦死，或麻木不仁。我们只能看到宇宙无限大，而我们这么渺小，人生又如此短促。数千年来，哪一位哲人解答了世人所探求的真理呢？数千年已过去了，有灵性有良心的人，至今还在探求人生的真谛，为人的准则。一生寻求智慧的苏格拉底，只知道自己一无所知。我们的万世师表孔夫子说："朝闻道、夕死可矣"(《里仁第四》)，他急于了解什么是"道"，"吾尝终日不食，终夜不寝，以思，无益，不如学也。"(《卫灵公十五》)怎么学呢？《论语》里没有说。《大学》是曾子转述孔子的话。讲了怎么教，学什么。"大学之道，在明明德，在亲民(一作"在新民")，在止于至善。"我参考了宋代理学家的注释，试图照我自己的见解，解释如下：教诲成年的人，就是要他们"明'明德'"——"明"就是明白，"明德"就是按照天理，为人行事，"在新民"就是要他们去掉旧时的污染，"亲民"就是"推己及人"；"在止于至善"就是对自己要追求完善，达到至善的境界。《中庸》是子思转述他祖父孔子的话。开头第一段说："天命之谓性，率性之谓道。……道也者，不可须臾离也。”我照样参考了注释，照我自己的见解，解释如下：“人的本性是天生的；顺着灵性良心为人行事，就是该走的道路。……应该时时刻刻随顺着自己的灵性良心。”

这是中国的“孔孟之道”。西方各国各派的哲学家有他们的“道”。各宗教派别又各有他们的“道”。究竟什么是“道”，知识界、文化界并未得到统一的共识。我们读到的经典书籍都是经过时间淘汰的作品了，我们承袭了数千年累积的智慧，又增长了多少智慧？几千年来，有灵性有良心的人至今还在探索人生的真理、为人的准则。好几千年过去了，世道有所改变吗？进步了吗？古谚：“直如弦，死道边；曲如钩，反封侯。”现在又有多大的不同？现代的书籍，浩如烟海，和古代的书籍不能比了。现代的文化，比古代普遍多了，各专业的研究，务求精密，远胜古人了；但是对真理的认识，突破了多少呢？古代珍奇的文物、工艺美术品，当今之世，超越了多少呢？

(4) 我们且回头看看，人类文明最爱称道的人间奇迹，何等惨酷。

秦始皇少年得志，十三岁即位称王，二十六年后，兼并天下，统一中国，自称始皇帝。在位三十四年后，为了抵御匈奴，命将军蒙恬驱使当时曾犯错误的人(例如现代的“右派”或“五·一六”)去筑长城。相传孟姜女的丈夫给抓去筑长城,一去不返。孟姜女寻夫,到长城下痛哭,哭得长城都塌下了一角,她丈夫的尸体,赫然压在长城下。当时民谣:“生男慎勿举,生女哺用脯,不见长城下,尸骸相支拄。”南梁周兴嗣编缀的《千字文》,把长城称为“紫塞”。据孙谦益参注(上海古籍出版社 1995 年版),“紫塞”即长城也。秦始皇筑长城,西起临洮,东至朝鲜,其长万里,土色皆紫,故称“紫塞”。注解虽简约,也说明问题。我曾考证“紫塞”的出典,只知长城之下土尽紫。一说长城之下有紫色花。我国各地土色不同,有黄土地、红土地、黑土地等。长达万里的长城下,土尽紫。为什么呢?筑长城的老百姓有生还的吗?一批批全都死在城下了。“尸骨相支拄”,不全都烂在城下了?老百姓血肉之躯掺和了泥土,恰是紫色。这种泥土里花开紫色,真是血泪之花了。好大喜功的帝皇奴役人民,创建了人间文明的奇迹。可怜多年来全国各地的老百姓,千千万万的老百姓,辛辛苦苦的劳役,拿生命作牺牲,造成了人类文明的奇迹。埃及的金字塔,不也是帝皇奴役了千千万万、万万千千的人民造成的吗?世界各地历代文明的创始人,都是一代天骄,都是南征北伐,创立了自己的皇朝,建立了一个朝代又一个朝代的文明。各朝代的精英,都对本朝文明做了有价值的贡献。但是为他们打仗的兵丁，被他们征服的人民，受他们剥削的老百姓呢，都只是牺牲品。

天地生人，能是为了人类的文明吗？人类的文明，固然有它的价值，可是由以上种种理由，是否可以肯定说：人类的文明，虽然有价值，却不是天地生人的目的。

（二）天地生人的目的

天生万物，人为万物之灵。天地生人的目的，该是堪称万物之灵的人。人虽然渺小，人生虽然短促，但是人能学，人能修身，人能自我完善。人的可贵在人自身。

七 人生实苦

在这个物欲横流的人世间，人生一世实在是够苦的。你存心做一个与世无争的老实人吧，人家就利用你，欺侮你。你稍有才德品貌，人家就嫉妒你、排挤你。你大度退让，人家就侵犯你、损害你。你要保护自己，就不得不时刻防御。你要不与人争，就得与世无求，同时还要维持实力，准备斗争。你要和别人和平共处，就先得和他们周旋，还得准备随处吃亏。你总有知心的人、友好的人。一旦看到他们受欺侮、吃亏受气，你能不同情气愤，而要尽力相帮相助吗？如果看到善良的人受苦受害，能无动于衷吗？如果看到公家受损害，奸人在私肥，能视而不见吗？

当今之世，人性中的灵性良心，迷蒙在烟雨云雾间。头脑的智力愈强，愈会自欺欺人。信仰和迷信划上了等号。聪明年轻的一代，只图消费享受，而曾为灵性良心奋斗的人，看到自己的无能为力而灰心绝望，觉得人生只是一场无可奈何的空虚。上帝已不在其位，财神爷当道了。人世间只是争权夺利、争名夺位的“名利场”，或者干脆就称“战场”吧。争得了名利，还得抱住了紧紧不放，不妨豚皮老脸，不识羞耻！享受吧，花了钱寻欢作乐，不又都是“将钱买憔悴”？天灾人祸都是防不胜防的。人与人、党派与党派、国与国之间为了争夺而产生的仇恨狠毒，再加上人世间种种误解、猜忌、不能预测的烦扰、不能防备的冤屈，只能叹息一声：“人生实苦！”多少人只是又操心、又苦恼地度过了一生。贫贱的人，为了衣、食、住、行，成家立业，生育儿女得操心。富贵的，要运用他们的财富权势，更得操心。哪个看似享福的人真的享了福呢？为什么总说“身在福中不知福”呢？旁人看来是享福，他本人只在烦恼啊！为什么说“家家都有一本难念的经”呢？因为逼近了看，人世处处都是苦恼啊！为什么总说“需知世上苦人多”啊？最阘茸无能之辈，也得为生活操心；最当权得势的人，当然更得操心。上天神明，创造了有头有脑、有灵性良心的人，专叫他们来吃苦的吗？

八　人需要锻炼

大自然的神明，我们已经肯定了。久经公认的科学定律，我们也都肯定了。牛顿在《原理》一书里说："大自然不做徒劳无功的事。不必要的，就是徒劳无功的。"(Nature does nothing in vain. The more is in vain when the less will do.)(参看三联书店的《读书》2005年第三期148页，何兆武《关于康德的第四批判》)哲学家从这条原理引导出他们的哲学。我不懂哲学，只用来帮我自问自答，探索一些家常的道理。

大自然不做徒劳无功的事，那么，这个由造化小儿操纵的人世，这个累我们受委屈、受苦难的人世就是必要的了。为什么有必要呢？

有一个明显的理由。人有优良的品质，又有许多劣根性杂糅在一起，好比一块顽铁得火里烧，水里淬，一而再，再而三，又烧又淬，再加千锤百炼，才能把顽铁炼成可铸宝剑的钢材。黄金也需经过烧炼，去掉杂质，才成纯金。人也一样，我们从忧患中学得智慧，苦痛中炼出美德来。孟子说："故天将降大任于斯人也，必先苦其心志，劳其筋骨，饿其体肤，空乏其身，行拂乱其所为，所以动心忍性，增益其所不能。"(《孟子·告子》)就是说，如要锻炼一个能做大事的人，必定要叫他吃苦受累，百不称心，才能养成坚忍的性格。一个人经过不同程度的锻炼，就获得不同程度的修养，不同程度的效益。好比香料，捣得愈碎，磨得愈细，香得愈浓烈。这是我们从人生经验中看到的实情。谚语："十磨九难出好人"；"人在世上炼，刀在石上磨"；"千锤成利器，百炼变纯钢"；"不受苦中苦，难为人上人。"都说明以上的道理。

我们最循循善诱的老师是孔子。《论语》里孔子的话，都因人而发，他从来不用教条。但是他有一条重要的教训。最理解他的弟子曾参，怕老师的教训久而失传，在《大学》章里记下老师二百零五字的教训。其中最根本的一句是："自天子以至庶人，壹是皆以修身为本"。修身，不就是锻炼自身吗？

修身不是为了自己一身，是为了齐家、治国、平天下。平天下不是称王称霸，而是求全世界的和谐和平。有的国家崇尚勇敢，有的国家高唱自由、平等、博爱。中华古国向来崇尚和气，"致中和"，从和谐中求"止于至善”。

要求世界和谐，首先得治理本国。要治国，先得齐家。要齐家，先得修身。要修身，先得正心，就是说，不能偏心眼儿。要摆正自己的心，先得有诚意，也就是对自己老老实实，勿自欺自骗。不自欺，就得切切实实了解自己。要了解自己，就得对自己有客观的认识，所谓格物致知。

了解自己，不是容易。头脑里的智力是很狡猾的，会找出种种歪理来支持自身的私欲。得对自己毫无偏爱，像侦探侦察嫌疑犯那么窥伺自己，在自己毫无防备、毫无掩饰的时候——例如在梦中，在醉中，在将睡未睡的胡思乱想中，或心满意足、得意忘形时，捉住自己平时不愿或不敢承认的私心杂愿。在这种境界，有诚意摆正自己的心而不自欺的，会憬然警觉：“啊！我自以为没这种想头了，原来是我没有看透自己！”一个人如能看明自己是自欺欺人，就老实了，就不偏护自己了。这样才会认真修身。修身就是管制自己的情欲，超脱“小我”，而顺从灵性良心的指导。能这样，一家子可以很和洽。家和万事兴。家家和洽，又国泰民安，就可以谋求国际间的和谐共荣，双赢互利了。在这样和洽的境界，人类就可以齐心追求“至善”。这是孔子教育人民的道理。孟子继承发挥并充实了孔子的理论。

我上文所讲的，都属“孔孟之道”。“孔孟之道”无论能不能实现，总归是一个美好的理想，比帝国主义、民族主义、资本主义都高出多多了。

理想应该是崇高的，难于实现而令人企慕的，才值得悬为理想。如果理想本身就令人不满，就够不上理想了。比如西方宗教里的天堂：上帝坐在宝座上，圣人环坐左右，天使吹喇叭，好人都在天堂上齐声欢唱，赞美上帝，什么事也不干。这种天堂不是无聊又无趣吗？难怪有些诗人、文人说，天堂上太无聊，他们连宗教也不热心了。我国有自称的道家，讲究烧炼的法术，要求做“半仙”或“地仙”，能带着个肉体，肆无忌惮地享受肉欲而没有人世间的苦恼。这是我国历代帝王求仙的目的。只是人世间没有这等仙道，只能是妄想而已。

修身——锻炼自身，是做人最根本的要求。天生万物的目的，该是堪称万物之灵的人。但是天生的人，善恶杂糅，还需锻炼出纯正的品色来，才有价值。这个苦恼的人世，恰好是锻炼人的处所，好比炼钢的工厂，或教练运动员的操场，或教育学生的教室。这也说明，人生实苦确是有缘故的。

九　修身之道

人的躯体是肉做的，不能锤打，不能火烧水淬。可是人的灵性良心，愈炼愈强。孔子强调修身，并且也指出了修身之道。

灵性良心锻炼肉体，得有合适的方法。肉体需要的“饮食男女”，不得满足，人就会病死；强烈的感情不得发泄，人就会发疯。灵性良心在管制自己的时候，得宽容，允许身心和谐。克制自己，当恰如其份。所谓“齐之以礼，和之以乐”，就是用礼乐来调节、克制、并疏导。

孔子很重视“礼”和“乐”。《礼记》里讲得很周到，但《礼记》繁琐。我免得舍本逐末，只采用《礼记》里根本性的话，所谓“礼之本”。孔子曰“礼者，理也。……理从宜。……”（《曲礼》）。这就是说，“礼”指合理、合适。“礼以治人之情。……”（《礼运》）。喜、怒、哀、惧、爱、恶、欲，是人的感情，都由肉体的欲念而来，需用合理、合适的方法来控制。要求“达天道，顺人情。……”（《礼运》）。肉体的基本要求不能压抑，要给以适度的满足。这个适度，就是“理”和“宜”。孔子爱音乐，往往“礼乐”二字并用。“乐者天地之和也，礼者天地之序也……”“礼也者，理也；乐也者，节也；……言而履之，礼也；行也乐之，乐也。”（《仲尼燕居》）。这就是说，感情当用合适的方法来控制，并由音乐而得到发泄和欢畅。

《论语》“颜渊问仁。子曰‘克己复礼为仁。……’颜渊曰：‘请问其目’。子曰‘非礼勿视，非礼勿听，非礼勿言，非礼勿动。’”（《颜渊十二》）。这里的“礼”，不是繁琐的礼节，而指灵性良心所追求的“应该”，也就是《礼记》所说的“理”和“宜”。

人必需修身，而修身需用又合适又和悦的方法。

十　受锻炼的是灵魂

（一）人受锻炼

人受锻炼或“我”受锻炼，受锻炼的是有生命的人。一个有生命的人，有肉体又有灵魂。这两者之间，有个主次问题。肉体为主呢，还是灵魂为主？

看得见的是肉体，肉体没有灵魂是尸体。所以毫无疑问，主要的是灵魂。但灵魂得附着在肉体上，才有可受锻炼的物体。没有肉体，灵魂怎么锻炼呢？

运动员受训练，练出了壮健的肌肉筋骨，同时也练出了吃苦耐劳、坚持不懈的意志。肌肉筋骨属肉体，吃苦耐劳、坚持不懈的意志属精神，肢体能伤残，意志却和生命同存，这是不容置疑的。

奥运会原是古希腊享神的赛会。古希腊灭亡后早已废弃。十九世纪法国顾拜旦男爵（Baron Pierre de

Coubertin)有鉴于当代商业化的弊端，提倡公平竞赛和古希腊运动员胜不骄、败不馁的品德，重兴了奥运会。奥运会的精神：争取提高自身的能力，胜人一筹；比赛讲究公正合理，光明磊落，不容欺骗作伪。训练体格，也锻炼人的品格。孔子曰："君子无所争，必也射手，揖让而升，下而饮，其争也君子。"(《八佾第三》)"其争也君子"的君子之风，和奥运精神略有相似处。每个人都要有争取胜人一筹的志气，而在与人竞赛中，练就公正合理、崇尚道义的品格。当今商业化的社会，很需要这种作风，推而广之，无论商业界或其他各行各业，都该有奥运精神。受锻炼的肉体不免死亡，崇尚道义的精神就像点燃的圣火，遍传天下，永恒不灭。

所以受锻炼的是肉体，由肉体的媒介，锻炼出来的是精神。

(二) 在肉体和灵魂之间，"我"在哪一边？

一个有生命的人，自称"我"。"我"在肉体的一边呢，还是在灵魂一边？据脑科专家的定论，人的脑袋像一架精密的电脑或互联网。自我的意识，从大脑前额延伸至两耳的区内产生，但大脑里没有“自我”的领域。大脑不同区域的感觉，在交流的时候，才产生“自我”的意识。所以一位哲学家说：我思维，所以感觉到我的存在。

脑子确像精密的电脑，确像复杂的互联网，可是我如果不按电钮，这架机器，不会自动操作。

肉体有许多本能，不用动脑筋，而且不由自主，例如饮、食、男女、便、溺等等。虽然不由自主，在文明社会里，也得自己管制。我偶见同院一个三四岁的小男孩急急往家跑，一面对我说：“奶奶，我糊涂了，我溺裤裤了！”他糊涂了，因为没管住自己。不会说话的小娃娃，也懂得便溺要及早向大人示意。所以连吃、喝、拉、撒等全不用脑筋的事，也不得自由，得由“我”管着。肉体既然由“我”管着，就不会自称“我”。“我”是灵魂的自称。

（三）锻炼的成绩

受锻炼的肉体和灵魂虽有主次之分，肉体和灵魂却结合得非常紧密，是不可分割的整体。灵魂和肉体一同追求情欲，一同享受情欲满足的快乐，一同感受情欲不得满足的抑郁，一同享受满足以后的安静、或餍足、或厌倦、或满足了还不足，还要重复，或要求更深的满足。一句话，肉体和灵魂是一体，灵魂凭借肉体而感受肉体的享乐。例如仙女思凡，她得投生人世，凭借肉体，才能满足她的凡心。又如“半仙”“地仙”之流，不都是凭借肉体，才能享受肉欲吗？

每个人经过顺人情又合理性的锻炼，就能超脱原先的“小我”而随着灵性良心的指导，成为有道德修养的人。但人的劣根性是顽强的。少年贪玩，青年迷恋爱情，壮年汲汲于成名成家，暮年自安于自欺欺人。人寿几何，顽铁能炼成的精金，能有多少？但不同程度的锻炼，必有不同程度的成绩；不同程度的纵欲放肆，必积下不同程度的顽劣。人皆可以为尧舜，也可以成为恶劣的刁徒或卑鄙的小人。锻炼必定留下或多或少的成绩。

肉体和灵魂是拧成一股的。一同作恶，也一同为善。一同受锻炼，一同不受锻炼。灵魂随着肉体在苦难的人世度过一辈子，如果随着肉体的劣根性纵欲贪欢，这个灵魂就随着变坏了。“好恶无节于内，知诱于外，不能反躬，天理灭矣。……灭天理而穷人欲者也。”（《礼记第七》）如果这个人顺从灵性良心的指引，接受锻炼，就能炼成一个善良的灵魂。善良的灵魂，体质未必壮健，面貌未必美好。刁恶的灵魂、体质未必羸弱，面貌未必丑陋；灵魂的美恶，不体现在肉体上。

肉体和灵魂的结合有完了的时候。人都得死。人死就是灵魂和肉体的分离。肉体离开了灵魂就成了尸体。尸体烧了或埋了，只剩下灰或土了。但是肉体的消失，并不影响灵魂受锻炼后所得的成果。因为肉体和灵魂在同受锻炼的时候，是灵魂凭借肉体受锻炼，受锻炼的其实是灵魂，肉体不过是一个中介。肉体和灵魂同享受，是灵魂凭借肉体而享受。肉体和灵魂一同放肆作恶，罪孽也留在灵魂上，肉体不过是个中介。所以人受锻炼，受锻炼的是灵魂，肉体不过是中介，锻炼的成绩，只留在灵魂上。

灵魂接受或不接受锻炼，就有不同程度的成绩或罪孽。灵魂和肉体结合之后，同在人世间过了一辈子。这一辈子里，灵魂或为善，或作恶，或受锻炼，或不受锻炼。受锻炼的品质会改好，不受锻炼而肆欲放纵的，品质就变坏。为善或作恶的程度不同，受锻炼的程度又不同，灵魂就有不同程度的改好或变坏。灵魂的品质就有不同程度的改变，不复是当初和肉体结合的灵魂了。改变的程度各各不同，灵魂就成了个个不同、个个特殊的灵魂。“我”的灵魂虽然变了，还一贯是“我”的灵魂，还自称“我”。“我”活着的时候，“我”的灵魂自称

"我"。"我"死之后,"我"的灵魂还自称"我"。所以"我"死之后,肉体没有了,"我"的灵魂还和"我"在一起呢!不过没有肉体的魂,我们称鬼魂了。

十一 人生的价值

人生一世，为的是什么？

按基督教的说法，人生一世是考验。人死了，好人的灵魂升天。不好不坏又好又坏的人，灵魂受到了该当的惩罚，或得到充分的净化之后，例如经过炼狱里的烧炼，也能升天。大凶大恶，十恶不赦的下地狱，永远在地狱里烧。我认为这种考验不公平。人生在世，遭遇不同，天赋不同。有人生在富裕的家里，又天生性情和顺，生活幸运，做一个好人很现成。若处境贫困，生情顽劣，生活艰苦，堕落比较容易。若说考验，就该像入学考试一样，同等的学历，同样的题目，这才公平合理。

佛家轮回之说，说来也有道理。考验一次不够，再来一次。但因果之说，也使我困惑。因因果果，第一个因是什么呢？人生一世，难免不受人之恩，或有惠于人，又造成新的因果，报来报去，没完没了。而且没良

心的人，受惠于人，只说是前生欠我。轻率的人，想做坏事，只说反正来生受罚，且图眼前便宜。至于上刀山、下油锅等等酷刑，都是难为肉体的。当然，各种宗教的各种说法，我都不甚理解。不过，我尊重一切宗教。但宗教讲的是来世，我只是愚昧而又渺小的人，不能探索来世的事。我只求知道，人在这个世界上，生活了一辈子，能有什么价值。

天地生人，人为万物之灵。神明的大自然，着重的该是人，不是物；不是人类创造的文明，而是创造人类文明的人。只有人类能懂得修炼自己，要求自身完善。这也该是人生的目的吧！

坚信“人死了，什么都没有了”的聪明朋友们，他们所谓“什么都没有了”，无非断言人死之后，灵魂也没有了。至于人生的价值，他们倒并未否定。不是说，“留下些声名”吗？这就是说，能留下的是身后之名。但名与实是不相符的。“一将成名万骨枯”。但战争中奉献生命的“无名英雄”更受世人的崇敬与爱戴，我国首都天安门广场上，正中不是有“人民英雄纪念碑”吗？欧洲许多国家，总把纪念“无名英雄”的永不熄灭的圣火，设在大教堂的大门正中，瞻仰者都深怀感念，驻足致敬。我们人世间得到功勋的人，都赖有无数默默无闻的人，为他们作出贡献。默默无闻的老百姓，他们活了一辈子,就毫无价值吗?从个人的角度看,他们自己没有任何收获,但是从人类社会集体的角度看,他们的功绩是历代累积的经验和智慧。人类的文明是社会集体共同造成的。况且身后之名,又有什么价值呢?声名显赫的人,死后没多久,就被人淡忘了。淡忘倒也罢了,被不相识、不相知的人说长道短,甚至戏说、恶搞,没完没了,死而有知,必定不会舒服。声名,活着也许对自己有用,死后只能被人利用了。

聪明的年轻朋友们,坚信人死了什么都没有了,至多只能留下些名气。那么,默默奉献的老实人,以及所有死后没有留下名气的人,活了一辈子,就是没有价值的了!有名的,只是绝少数;无名的倒是绝大多数呢。无怪活着的人一心要争求身后之名了!一代又一代的人,从生到死、辛辛苦苦、忙忙碌碌,只为没有求名,或没有成名,只成了毫无价值的人!反而不如那种自炒自卖、欺世盗名之辈了!这种价值观,不太合理了吧?

匹夫匹妇,各有品德。为人一世,都有或多或少的修养。俗语:“公修公得,婆修婆得,不修不得”。“得”就是得到的功德。有多少功德就有多少价值。而修来的功德不在肉体上而在灵魂上。所以,只有相信灵魂不灭,才能对人生有合理的价值观,相信灵魂不灭,得是有信仰的人。有了信仰,人生才有价值。

其实，信仰是感性的，不是纯由理性推断出来的。人类天生对大自然有敬畏之心。统治者只是借人类对神明的敬畏，顺水推舟，因势利导，为宗教定下了隆重的仪式，借此维护统治的力量。其实虔信宗教的，不限于愚夫愚妇。大智大慧、大哲学家、大科学家、大文学家等信仰上帝的虔诚，远胜于愚夫愚妇。例如博学多识的约翰生博士就是非常虔诚的基督徒。创作《堂吉诃德》的塞万提斯，在战役中被俘后，“三位一体”教会出了绝大部分赎金把他赎回。他去世后，他的遗体，埋在“三位一体”修道院的墓园里。（参看 Juan Luis Alborg《西班牙文学史》第二册第二章。Gredos 书店 1981 年马德里版）修道院的墓园里，绝不会容纳异教徒的遗体；必定是宗教信仰相同的人，才愿意死后遗体相守在一起。

据说，一个人在急难中，或困顿苦恼的时候，上帝会去敲他的门——敲他的心扉。他如果开门接纳，上帝就在他心上了，也就是这个人有了信仰。一般人的信心，时有时无，若有若无，或是时过境迁，就淡忘了，或是有求不应，就怀疑了。这是一般人的常态。没经锻炼，信心是不会坚定的。

在人生的道路上，如一心追逐名利权位，就没有余暇顾及其他。也许到临终“回光返照”的时候，才感到悔惭，心有遗憾，可是已追悔莫及，只好饮恨吞声而死。一辈子锻炼灵魂的人，对自己的信念，必老而弥坚。

一个人有了信仰，对人生才能有正确的价值观。如果说，人死了什么都没有了，只能留下些名声，或留下一生的贡献，那就太不公平了。没有名气的人呢？欺世盗名的大师，声名倒大得很呢！假如是残疾人，或疾病缠身的人，能有什么贡献？他们都没价值了？

英国大诗人弥尔顿（John Milton 1608-1674）四十四岁双目失明，他为自己的失明写了一首十四行诗，大意我撮述如下。他先是怨苦：还未过半生，已失去光明，在这个茫茫黑暗的世界上，他唯有的才能无从发挥，真是死一般的难受；他虽然一心要为上帝效劳，却是力不从心了。接下，"忍耐之心"立即予以驳斥："上帝既不需要人类的效劳，也不需要他赋与人类的才能。谁最能顺从他的驾御，就是最出色的功劳。上帝是全世界的主宰。千千万万的人，无休无止地听从着他的命令，在陆地上奔波，在海洋里航行。仅仅站着恭候的人，同样也是为上帝服务。这首诗也适用于疾病缠身的人。如果他们顺从天意，承受病痛，同样是为上帝服务，同样是功德，因为同样是锻炼灵魂，在苦痛中完善自己。

佛家爱说人生如空花泡影，一切皆空。佛家否定一切,唯独对信心肯定又肯定。“若复有人……能生信心……乃至一念生净信者……得无量福德……若复有人于此经中受持,乃至四句偈等,为他人说,其福胜彼……”(《金刚般若波罗密经》)。为什么呢?因为我佛无相,非但看不见,也无从想像。能感悟到佛的存在,需有“宿根”“宿慧”,也就是说,需有经久的锻炼。如能把信仰传授于人,就是助人得福,功德无量。

基督教颂扬信、望、爱三德。有了信仰,相信灵魂不死,就有永生的希望。有了信仰,上帝就在他心里了。上帝是慈悲的,心上有上帝,就能博爱众庶。

苏格拉底坚信灵魂不灭,坚信绝对的真、善、美、公正等道德概念。他坚持自己的信念,宁愿饮鸩就义,不肯苟且偷生。因信念而选择死亡,历史上这是第一宗,被称为仅次于基督之死。

苏格拉底到死很从容,而耶稣基督却是承受了血肉之躯所能承受的最大痛苦。他不能再忍受了,才大叫一声,气绝身亡。我读《圣经》到这一句,曾想,他大叫一声的时候,是否失去信心了?但我立即明白,大叫一声是表示他已忍无可忍了,他也随即气绝身亡。为什么他是救世主呢?并不因为他能变戏法似的把水变成酒,把一块面包变成无数面包,也并不因为他能治病救人,而是因为他证实了人是多么了不起,多么伟大,虽然是血肉之躯，能为了信仰而承受这么大的痛苦。他证实了人生是有意义的，有价值的。耶稣基督是最伟大的人，百分之百的克制了肉体。他也立即由人而成神了。

我站在人生边上，向后看，是要探索人生的价值。人活一辈子，锻炼了一辈子，总会有或多或少的成绩。能有成绩，就不是虚生此世了。向前看呢，再往前去就离开人世了。灵魂既然不死，就和灵魂自称的“我”，还在一处呢。

这个世界好比一座大熔炉，烧炼出一批又一批品质不同而且和原先的品质也不相同的灵魂。有关这些灵魂的问题，我能知道什么？我只能胡思乱想罢了。我无从问起，也无从回答。孔子曰：“未知生，焉知死”（《先进十一》），“不知为不知”，我的自问自答，只可以到此为止了。

结　束　语

我是旧社会过来的“老先生”。“老先生”是“老朽”的尊称。我向来接受聪明的年轻人对我这位老先生的批判。这篇文字还是我破题儿第一遭向他们提出意见，并且把我头脑里糊里糊涂的思想，认真整理了一番，写成这一连串的自问自答。“结束语”远不是问答的结束，而是等待着聪明的读者，对这篇“自问自答”的批判，等待他们为我指出错误。希望在我离开人世之前，还能有所补益。

注　　释

作者按：注释不以先后排列，长短不一，每篇皆独立完整。

一　阿菊闯祸

钱锺书沦陷在上海的时候，想写《围城》。我为了省俭，兼做灶下婢。《围城》足足写了两年。抗日战争胜利前夕，美军曾轰炸上海，锺书已护送母亲回无锡。一九四五年秋，日寇投降后，我们生活还未及好转，《围城》还未写完，我三姐怜我劳悴，为我找了个十七岁的女孩阿菊，帮我做做家事。阿菊从未帮过人，到了我家，未能为我省事，反为我生事了。她来不久就闯了个不小的祸。

我照常已把晚饭做好，圆圆和锺书已把各人的筷子、碟子摆上饭桌，我已坐在饭桌的座位上等候吃晚饭了。他们两个正准备帮助阿菊端上饭菜。忽见圆圆惊惶慌张地从厨房出来急叫："娘！娘！！不好了！！！快快快，快，快，快！！！！"接着锺书也同样惊惶慌张地喊："娘！快快快快快！！！"我忙起身赶到厨房去，未及进门，就看见当门一个面盆口那么粗的火柱子熊熊燃烧，从地面直往上升，几个火舌头，争着往上舔，离房顶只一寸两寸了。地上是个洋油炉。厨房极小，满处都是易燃物，如盛煤球的破筐子，边上戳出一根根薄薄的篾片，煤炉四围有劈细的木柴，有引火用的枯炭，还有满小筐子钢炭，大堆未劈的木柴；破旧的木桌子下，堆满了待我做成煤饼的纯煤末子，还有一桶洋油。如爆落几点火星，全厨房就烘烘地着火了。洋油桶如爆炸，就是一场火灾了。

胜利前夕，柴米奇缺的时候，我用爸爸给的一两黄金，换得一石白米，一箱洋油。一两黄金，值不知多少多少纸币呢。到用的时候，只值一石大米，一箱洋油。一石是一百六十斤。洋油就是煤油，那时装在洋铁箱里，称一箱，也称一桶。洋油箱是十二方寸乘二十寸高的长方箱子，现在很少人见过洋油箱了，从前用处可大呢。斜着劈开，可改成日用的洋铁簸箕。一只洋油箱，可改做收藏食品的容器。洋油箱顶上有绊儿可提，还有个圆形的倒油口，口上有盖子。

洋油炉呢，底下储油的罐儿只有小面盆底那么大小，高约一寸半，也有个灌油的口子，上面也有盖。口子只有五分钱的镍币那么大。洋油箱的倒油口，有玻璃杯底那么大。要把洋油箱里的油灌入洋油炉，不是易事。洋油炉得放到破木桌上，口子上插个漏斗。洋油箱得我用全力抱上桌子，双手抱住油箱，往漏斗里灌入适量的洋油，不能太多，少也不上算，因为加一次油很费事。这是我的专职。我在学生时代，做化学实验，"操作"是第一名，如倒一试管浓盐酸，总恰好适量，因为我胆大而手准。

用洋油炉，也只为省俭。晚饭是稠稠的白米粥，煮好了焐在"暖窝"里——"暖窝"是自制的，一只破网篮垫上破棉絮，着了火很经烧呢。煤炉就能早早熄灭，可以省煤。放上水壶，还能利用余热赚些温水。贫家生活，处处费打算，灶下婢这等俭啬，不知能获得几分同情。凉菜只需凉拌，中午吃剩的菜，就在洋油炉上再煮煮，很省事。

阿菊嫌洋油炉的火太小。她见过我灌油。她提一箱洋油绰有余力，不用双手抱。洋油炉她懒得端上桌子，就放在地上。幸亏她偷懒，如搬上桌子，火柱子就立即烧上屋顶了。她在漏斗里注满洋油，油都溢出来，不便再端上桌，准备在地上热菜了，她划一支火柴一点，不料冒出了这么大的一个火柱子，把她吓傻了，幸亏阿圆及时报警，锺书也帮着"叫娘"，我赶到厨房，她还傻站着呢。

我向来能镇静，也能使劲想办法。小时候在启明上学时，一同学陷泥里，我就是使劲一想，想出办法，就发号施令，在小鬼中当上了大王。这时我站在火柱旁边，非常平静，只说："你们一个都不许动。"六只眼睛盯着我急切等待。我在使劲想。洋油燃烧，火上加水万万使不得。炉灰呢，洋铁簸箕里只有半簸箕，决计压不灭这炎炎上腾的火柱。压上一床厚被吧，非浸透了水，也还不保险。火柱子上的舌头，马上要舔上屋顶了。形势和时间，都刻不容缓了。我想，得用不怕火的东西，把火柱罩上。面盆太大，我要个洋磁痰盂，扣上。厨房门外，有小小一方空地，也称院子。院子通往后门，也通往全宅合用的厕所。这院子里晾着许多洗干净的洋磁尿罐，这东西比痰盂还多个把手，更合用。说时慢，想时快。我轻轻挨出厨房，拿了个大小合度的小洋磁尿罐，翻过来，伸进火柱，往洋油炉上一扣，火柱奇迹般立即消灭，变成七八条青紫色的小火蛇，在扣不严的隙缝里乱窜。我说："拿炉灰来堵上，"阿菊忙搬过盛炉灰的簸箕。我们大家把炉灰一把一把抓来堵住隙缝，火蛇一会儿全没了。一个炎炎上腾的大火柱，一会儿就没有了。没事了!!

洋油炉上那锅没有热透的剩菜，凑合着吃吧。开上饭来，阿圆快活得嘻嘻哈哈地笑，锺书和女儿一样开心。阿菊看到大事化为没事，忍不住溜上楼去，把刚才失火的事，讲给楼上两个老妈妈听。据说，和我们住同样房子的邻居也曾厨房失火，用棉被压火，酿成火灾，叫了救火车才扑灭。

我看着锺书和阿圆大小两个孩子快活得嘻嘻哈哈，也深自庆幸。可是我实在吃惊不小，吃了一碗粥都堵在心口，翻腾了半夜才入睡。

二　温德先生爬树

一九四九年全国解放后，钱锺书和我得到了清华大学的聘书，又回母校当教师。温德先生曾是我们俩的老师。据说他颇有"情绪"，有些"进步包袱"。我们的前辈周培源、叶企孙等老师，还有温德先生的老友张奚若老师，特别嘱咐我们两个，多去看望温德老师，劝导劝导。我因为温先生素有"厌恶女人"（woman hater）之名，不大敢去。锺书听我说了大笑，说我这么大年纪了，对这个词儿的涵意都不懂。以后我就常跟着锺书同去，温先生和我特友好。因为我比锺书听话，他介绍我看什么书，我总像学生般服从。温先生也只为"苏联专家"工资比他高三倍，心上不服，经我们解释，也就心平气和了。不久锺书被借调到城里参与翻译《毛选》工作，看望温先生的任务，就落在我一人身上了。

温先生有事总找我。有一天他特来我家，说他那儿附近有一架长竹梯他要借用，请我帮他抬。他告诉我，他特宠的那只纯黑色猫咪，上了他家东侧的大树，不肯下来。他准备把高梯架在树下，上梯把猫咪捉下来。他说，那只黑猫如果不回家，会变成一只野猫。

梯子搬到他家院子里，我就到大树下找个可以安放梯子的地方。大树长在低洼处，四周都是大大小小的石块和土墩。近树根处，杂草丛生，还有许多碎石破砖，实在没个地方可以安放这架竹梯。温先生也围着树根找了一转，也没找到哪个地方可以安放那架长梯。近了，梯子没个立足之地；远了，靠不到树上。这架梯子干脆没用了。我们仰头看那黑猫高踞树上，温先生做出种种呼唤声，猫咪傲岸地不理不睬。

我脱口说："要是我小时候，我就爬树。"

没想到这话激得温先生忘了自己的年纪，或不顾自己的年纪了。他已有六十多岁，人又高大，不像他自己估计的那么矫捷了。他说："你以为我就不能上树了吗？！"

我驷不及舌，忙说："这棵树不好上。"因为最低的横枝，比温先生还高出好老远呢。这话更是说坏了。温先生立即把外衣脱下，扔了给我，只穿着一件白色衬衣，走到树下，爬上一块最大的石头，又从大石头跳上最高的土墩，纵身一跳，一手攀上树枝，另一手也搭上了，整个人挂在空中。我以为他会知难而退，可是他居然能用两臂撑起身子，然后骑坐树枝上。他伸手把衬衫口袋里的眼镜盒儿掏了出来，叫我过去好生接着。我知道温先生最讨厌婆婆妈妈，到此境地，我不敢表示为他害怕，只跑到树下去接了他扔下的眼镜盒儿。他嫌那盒儿塞在胸前口袋里碍事。他像蛇一般贴在那横枝上，向猫咪踞坐的高枝爬去。我捏着一把汗，屏息而待。他慢慢地爬过另一树枝，爬向猫咪踞坐的高枝。但是猫咪看到主人来捉，就轻捷地更往高处躲。温先生越爬越高，猫咪就步步高升。树枝越高越细。这棵树很老了，细树枝说不定很脆。我不敢再多开口，只屏息观望。如果温先生从高处摔下，后果不堪设想。树下不是松软的泥土，是大大小小的石块，石缝里是碎石破砖。幸亏温先生看出猫咪刁钻，决不让主人捉住。他只好认输，仍从原路缓缓退还。我没敢吭一声，只仰头屏息而待。直到他重又双手挂在树枝上，小心地落在土墩上，又跳下大石，满面得意，向我讨还了他的眼镜盒儿又接过了他的外衣，和我一同回到他的屋里。

我未发一声。直到我在他窗前坐下，就开始发抖，像发疟疾那样不由自主的牙齿捉对儿厮打，抖得心口都痛了。我不由得双手抱住胸口，还只顾抖个不了。温先生正等待着我的恭维呢！准备自夸呢！瞧我索索

地抖个不了,诧异地问我怎么回事,一面又笑我,还特地从热水瓶里为我倒了大半杯热水。我喝了几口热水,照样还抖。我怕他生气,挣扎着断断续续说:“温先生,你记得 Sir William James 的 *Theory of Emotion* 吗?”温先生当然读过 Henry James(1843—1916)的小说,但他也许并未读过他哥哥 William James(1842—1910)的心理学。我只是偶然读过一点点。照他的学说,感情一定得发泄。感情可以压抑多时,但一定要发泄了才罢休。温先生只是对我的发抖莫名其妙,我好容易抖完,才责怪他说:“你知道我多么害怕吗?”他虽然没有捉住猫咪,却对自己的表演十分得意。我抖完也急急回家了,没和他讲究那套感情的理论。

李慎之先生曾对我说:“我觉得最可怕是当‘右派’,至今心上还有说不出的怕。”我就和他讲了我所读到的理论,也讲了我的亲身经验,我说他还有压抑未泄的怕呢。

三 劳神父

我小时候，除了亲人，最喜欢的是劳神父。什么缘故，我自己也不知道。也许因为每次大姐姐带了我和三姐姐去看他，我从不空手回来。我的洋玩意儿都是他给的。不过我并不是个没人疼的孩子。在家里，我是个很娇惯的女儿。在学校，我总是师长偏宠的学生。现在想来，大约因为劳神父喜欢我，所以我也喜欢他。

劳神父第一次赠我一幅信封大小的绣片，并不是洋玩意儿。绣片是白色绸面上绣一个红衣、绿裤、红鞋的小女孩儿，拿着一把扇子，坐在椅子上乘凉。上面覆盖一张卡片，写着两句法文："在下学期再用功上学之前，应该好好休息一下了。""送给你最小的妹妹"。卡片是写给大姐姐的，花字签名的旁边，还画着几只鸟儿，上角还有个带十字架的标记。他又从自己用过的废纸上，裁下大小合度的一方白纸，双叠着，把绣片和卡片夹在中间，面上用中文写了一个“小”字，是用了好大功力写的。我三姐得的绣片上是五个翻跟斗的男孩，比我的精致得多。三姐姐的绣片早已丢到不知哪里去了。我那张至今还簇新的。我这样珍藏着，也可见我真是喜欢劳神父。

他和我第一次见面时，对我说：他和大姐姐说法语，和三姐姐说英语，和我说中国话。他的上海话带点洋腔，和我讲的话最多，都很有趣，他就成了我很喜欢的朋友。

他给我的洋玩意儿，确也是我家里没有的。例如揭开盒盖就跳出来的“玩偶盒”(Jack-in-the-box)；一木盒铁制的水禽，还有一只小轮船，外加一个马蹄形的吸铁石，玩时端一面盆水，把铁制的玩物浮在水上，用吸铁石一指，满盆的禽鸟和船都连成一串，听我指挥。这些玩意儿都留在家里给弟妹们玩，就玩没了。

一九二一年暑假前，我九岁，等回家过了生日，就十岁了。劳神父给我一个白纸包儿，里面好像是个盒子。他问我知不知道亚当、夏娃逐出乐园的故事。我已经偷读过大姐姐寄放在我台板里的中译《旧约》，虽然没读完，这个故事很熟悉。劳神父说：“好，我再给你讲一个。”故事如下：

“从前有个叫花子，他在城门洞里坐着骂他的老祖宗偷吃禁果，害得他吃顿饭都不容易，讨了一天，还空着肚子呢。恰好有个王子路过，他听到了叫花子的话，就把他请到王宫里，叫人给他洗澡，换上漂亮衣服，然后带他到一间很讲究的卧室里，床上铺着又白又软的床单。王子说：这是你的卧房。然后又带他到饭厅里，饭桌上摆着一桌香喷喷、热腾腾的好菜好饭。王子说：这是我请你吃的饭；你现在是我的客人，保管你吃得好，穿得好，睡得好；只是我有一道禁令，如果犯了，立刻赶出王宫。

“王子指指饭桌正中的一盘菜，上面扣着一个银罩子。王子说：‘这个盘子里的菜，你不许吃，吃了立即赶出王宫。’

“叫花子在王宫里吃得好，穿得好，睡得好。日子过得很舒服，只是心痒痒地要知道扣着银罩子的那盘菜究竟是什么。过了两天，他实在忍不住了，心想：我不吃，只开一条缝缝闻闻。可是他刚开得一缝，一只老鼠从银罩子下直蹿出来，逃得无影无踪了。桌子正中的那只盘子空了，叫花子立即被赶出王宫。”

劳神父问我：“听懂了吗？”

我说：“懂。”

劳神父就把那个白纸包儿交给我，一面说：“这个包包，是我给你带回家去的。可是你得记住：你得上了火车,才可以打开。”我很懂事地接过了他的包包。

从劳神父处回校后,大姐姐的许多同事——也都是我的老师,都知道我得了这么个包包。她们有的拿来掂掂,摇摇;有的拿来闻闻,都关心说:包包里准是糖。这么大热天,封在包包里,一定化了,软了,坏了。我偷偷儿问姐姐“真的吗?”姐姐只说:“劳神父怎么说的?”我牢记劳神父嘱咐的话,随她们怎么说,怎么哄,都不理睬。只是我非常好奇,不知里面是什么。

这次回家,我们姐妹三个,还有大姐的同事许老师,同路回无锡。四人上了火车,我急不及待,要大姐姐打开纸包。大姐说:“这是‘小火车’,不算数的。”(那时有个小火车站,由徐家汇开往上海站。现在早已没有了。)我只好再忍着,好不容易上了从上海到无锡的火车。我就要求大姐拆开纸包。

大姐姐撕开一层纸,里面又裹着一层纸;撕开这层,里面又是一层。一层一层又一层,纸是各式各样的,有牛皮纸,报纸,写过字又不要的废稿纸,厚的、薄的、硬的、软的……每一层都用浆糊粘得非常牢固。大姐姐和许老师一层一层地剥,都剥得笑起来了。她们终于从十七八层的废纸里,剥出一只精致美丽的盒子,一盒巧克力糖!大姐姐开了盖子,先请许老师吃一颗,然后给我一颗,给三姐一颗,自己也吃一颗,就盖上盖子说:“这得带回家去和爸爸妈妈一起吃了。”她又和我商量:“糖是你的,匣子送我行不行?”我点头答应。糖特好吃,这么好的巧克力,我好像从没吃过呢。回家后,和爸爸妈妈一起吃,尤其开心。我虽然是个馋孩子,能和爸爸妈妈及一家人同吃,更觉得好吃。

一九三〇年春假,我有个家住上海的中学好朋友,邀我和另一个朋友到她家去玩。我到了上海,顺便一人回启明去看看母校师友,我大姐还在启明教书呢。我刚到长廊东头的中文课堂前,依姆姆早在等待了,迎出来“看看小季康”,一群十三四岁的女孩子都跑出来看“小季康”。我已过十八周岁,大学二年了,还什么“小季康”!依姆姆刚把学生赶回课堂,我就看见劳神父从长廊西头走近来。据大姐姐告诉我,劳神父知道我到启明来,特来会我的。他已八十岁了。劳神父的大胡子已经雪白雪白。他见了我很高兴,问我大学里念什么书。我说了我上的什么课,内有论理学,我说的是英文 logic,劳神父惊奇又感慨地说:“Ah! Loguique! Loguique!”我又卖弄我自己学到的一点点天文知识,什么北斗星有八颗星等等,劳神父笑说:“我欢迎你到我的天文台来,让你看一晚星星!”接下他轻吁一声说:“你知道吗? 我差一点儿死了。我不久就要回国,不回来了。”他回国是落叶归根的意思吧。他轻轻

抱抱我说："不要忘记劳神父。"我心上很难受，说不出话，只使劲点头。当时他八十，我十八。劳神父是我喜爱的人，经常想念。

我九十岁那年，锺书已去世，我躺在床上睡不着，忽然想到劳神父送我那盒巧克力时讲的故事，忽然明白了我一直没想到的一点。当时我以为是劳神父勉励我做人要坚定，勿受诱惑。我直感激他防我受诱惑，贴上十七、八层废纸，如果我受了诱惑，拆了三层、四层，还是有反悔的机会。但是劳神父的用意，我并未了解。

我九十岁了，一人躺着，忽然明白了我九岁时劳神父那道禁令的用意。他是一心要我把那匣糖带回家，和爸爸妈妈等一起享用。如果我当着大姐那许多同事拆开纸包，大姐姐得每人请吃一块吧？说不定还会被她们一抢而空。我不就像叫花子被逐出王宫，什么都没有了吗！九岁听到的话，直到九十岁才恍然大悟，我真够笨的！够笨的！

我从书上读到有道行的老和尚，吃个半饥不饱，夜里从不放倒头睡觉，只在蒲团上打坐。劳神父也是不睡的，他才有闲空在赠我的糖盒上包上十七八层的废纸。劳神父给我吃的、玩的，又给我讲有趣的故事，大概是为他辛勤劳苦的生活，添上些喜爱欢乐的色彩吧！

四　记比邻双鹊

我住的楼是六号楼，卧室窗前有一棵病柏，因旁边一棵大柳树霸占了天上的阳光、地下的土壤。幸亏柳树及时斫去，才没枯死，但是萎弱得失去了柏树的挺拔，也不像健旺的柏树枝繁叶茂，钻不进一只喜鹊。病柏枝叶稀疏，让喜鹊找到了一个筑巢的好地方。二〇〇三年，一双喜鹊就衔枝在病柏枝头筑巢。我喜示欢迎，偷空在大院里拾了大量树枝，放在阳台上，供它们采用。不知道喜鹊筑巢选用的建材颇有讲究。我外行，拣的树枝没一枝可用。过了好几天我知道不见采纳，只好抱了大把树枝下楼扔掉。

鹊巢刚造得像个盆儿，一夜狂风大雨，病柏上干随风横扫，把鹊巢扫落地下。幸好还没下蛋。不久后，这对喜鹊就在对面七号楼下小道边的胡桃树顶上重做了一个。我在三楼窗里看得分明，下楼到树下抬头找，却找不到，因为胡桃树枝叶扶疏，鹊巢深藏不露。但这个巢很简陋，因为是仓猝建成的。胡桃树不是常青树，冬天叶落，鹊巢就赤裸裸地挂在光秃秃的树上，老远都看得见。

二〇〇四年的早春二月间，胡桃树的叶子还没发芽呢。这年的二月二十日，我看见这双喜鹊又在病柏的高枝上筑巢了。这回有了经验，搭第一枝，左放右放，好半天才搭上第一枝，然后飞到胡桃树上又拆旧巢。原来喜鹊也拆迁呢！它们一老早就上工了。我没想到十天后，三月三日，旧巢已拆得无影无踪了。两只喜鹊每天一老早就在我窗外建筑。一次又风雨大作，鹊巢没有掉落。它们两个每天勤奋工作，又过两星期，鹊巢已搭得比鸟笼还大一圈了，上面又盖上个巢顶，上层牢牢地拴在柏树高一层的树枝上。我看见鹊儿衔着一根树枝，两脚使劲蹬，树枝蹬不下，才满意。

鹊巢有两个洞，一向东，一向西。喜鹊尾巴长，一门进，一门出，进巢就不必转身。朝我窗口的一面，交织的树枝比较疏，大概因为有我家屋子挡着，不必太紧密，或许也为了透气吧？因为这对喜鹊在这个新巢里同居了。阿姨说，不久就下蛋了。它们白天还不停地修补这巢，衔的都是软草羽毛之类。我贡献了旧扫把上的几枝软草，都给衔去铺垫了。

四月三日，鹊巢完工。以后就看见身躯较小的母鹊经常卧在巢内。据阿姨说,鸡孵蛋要三个月,喜鹊比鸡小,也许不用三个月之久。父鹊每日进巢让母鹊出来舒散一下,平时在巢外守望,想必也为母鹊觅食。它们两个整天守着它们这巢。巢里肯定有蛋了。这时已是四月十九日了。下雨天,母鹊羽毛湿了,显得很瘦。我发现后面五号楼的屋檐下有四五只喜鹊避雨。从一号到五号楼的建筑和六号以上的楼结构不同,有可供喜鹊避雨的地方,只是很窄。喜鹊尾巴长,只能横着身子。避雨的,大概都是邻近的父鹊,母鹊大概都在巢内。我窗前巢里的父鹊,经常和母鹊一出一入,肯定是在抱蛋了。

五月十二日,我看见五六只喜鹊(包括我窗外巢里的父鹊)围着柏树打转,又一同停在鹊巢旁边,喳喳喳喳叫。我以为是吵架,却又不像吵架。喳喳叫了一阵,又围着柏树转一圈,又一同落在树上,不知是怎么回事。

十三日,阿姨在我卧室窗前,连声叫我"快来看!"我忙赶去看,只见鹊巢里好像在闹鬼似的。对我窗口的一面,鹊巢编织稀疏。隙缝里,能看到里面有几点闪亮的光,和几个红点儿。仔细看,原来巢里小喜鹊已破壳而出,伸着小脑袋在摇晃呢。闪亮的是眼睛。嘴巴张得很大,嘴里是黄色,红点儿该是舌头。看不清共有

三只或四只，都是嗷嗷待哺的黄口。

我也为喜鹊高兴。抱蛋够辛苦的，蛋里的雏儿居然都出来了！昨天那群喜鹊绕树飞一转，又落在巢边喳喳叫，又绕树一圈，又一齐落在树上喳喳叫，该是为了这对喜鹊喜生贵子，特来庆贺的。贺客都是身躯较大的父鹊，母鹊不能双双同来，想必还在抱蛋，不能脱身。

阿姨说，小鹊儿至少得七到十天，身上羽毛丰满之后才开始学飞。我不急于看小鹊学飞，只想看小鹊儿聚在巢口，一个个张着黄口，嗷嗷待哺。自从小鹊出生，父鹊母鹊不复进巢，想是怕压伤了小雏。

阿姨忽然记起，不久前榆树上刚喷了杀虫药。想来全市都喷药了。父母鹊往哪儿觅食呢？十四日我还听见父母鹊说话呢，母鹊叫了好多声才双双飞走。但摇晃的脑袋只有两个了。天气转冷，预报晚上中雨。小鹊儿已经三朝了，没吃到东西，又冻又饿，还能活命吗？

晚饭前就下雨了，下了一晚。鹊巢上面虽然有顶，却是漏雨的。我不能为鹊巢撑把伞，因为够不着，也不能找些棉絮为小雏垫盖。出了壳的小鸟不能再缩回壳里，我愁也没用。一夜雨，是不小的中雨。早上起来，鹊巢里寂无声音，几条小生命，都完了。这天饭后，才看见父母鹊回来。父鹊只向巢里看了一眼，就飞走了。母鹊跳上树枝，又跳近巢边，对巢里再看一眼，于是随父鹊双双飞走。

五月十六日，早上八点半，我听见两只喜鹊在说话，急看窗口，只见母鹊站在柏树枝上，跳上一枝，又一跳逼近巢口，低头细看巢里，于是像啼哭似的悲啼，喳喳七声，共四次。随后就飞走了。未见父鹊，想是在一起。柏树旁边胡桃树上湿淋淋的树叶上，还滴着昨宵的雨，好像替它们流泪。这天晚饭后，父母鹊又飞来，但没有上树，只站在对面七号楼顶上守望。

又过了两天，五月十八日上午，六天前曾来庆贺小鹊生日的四五只大喜鹊，又飞集柏树枝上，喳喳叫了一阵。有两只最大的，对着鹊巢喳喳叫，好像对殇儿致辞，然后都飞走了。父母鹊不知是否在我们屋顶上招待，没看见它们。午后四时，母鹊在巢边前前后后叫，父鹊大约在近旁陪着，叫得我也伤心不已。下一天，五月十九日，是我女儿生忌。下午三时多，又来站在柏树枝上，向巢悲啼三四分钟。下一天，也是下午三时多，老时候。母鹊又来向巢叫，又跳上一枝，低头向巢叫，又抬头叫，然后和陪同前来的父鹊一同飞走。

五月二十七日，清早六时起，看见母鹊默默站在柏树旁边的胡桃树上，父鹊在近旁守望。看见了我都飞走了。五月二十八日，小鹊已死了半个月了。小鹊是五月十二日生，十三、十四日死的。父母鹊又同来看望它们的旧巢。母鹊站上巢顶悲啼。然后父母同飞去。从此以后，它们再也不站上这棵柏树，只在邻近守望了。晚饭后，我经常看到它们站在对楼屋顶上守望。一次来了一只老鸦，踞坐巢上。父母鹊呼朋唤友，小院里乱了一阵，老鸦赶走才安定下来。我们这一带是喜鹊的领域，灰鹊或老鸦都不准入侵的。我怀疑，小雏的遗体，经雨淋日晒，是不是发臭了，老鸦闻到气息，心怀不善吧？

这个空巢——不空，里面还有小雏遗体，挂在我窗前。我每天看到父鹊母鹊在七号楼屋脊守望，我也陪着它们伤心。冬天大雪中，整棵病柏，连带鹊巢都压在雪里，父鹊母鹊也冒寒来看望。

转眼又是一年了。二〇〇五年的二月二十七日，鹊巢动工约莫一年之后，父鹊母鹊忽又飞上柏树，贴近鹊巢，向里观望。小鹊遗体经过雨淋雪压、日晒风吹，大概已化为尘土，散失无遗。父母鹊登上旧巢，用嘴扭开纠结松枝的旧巢。它们又想拆迁吧？它们扭开纠结松枝的旧树枝，衔住一头，双脚使劲蹬。去年费了好大功夫牢牢拴在树巅的旧巢，拆下不易，每拆一枝，都要衔住一头，双脚使劲蹬。出主力拆的是父鹊，母鹊有时旁观，有时叫几声。渐渐最难拆的部分已经松动。这个坚固的大巢，拆得很慢，我却不耐烦多管它们的闲事了。直到五月五日，旧巢拆尽。一夕风雨，旧巢洗得无影无踪。五月六日，窗前鹊巢已了无痕迹。过去的悲欢、希望、忧伤，恍如一梦，都成过去了。

五 三叔叔的恋爱

我最爱听爸爸讲他的小弟弟。爸爸的小弟弟是我的三叔叔。他比我爸爸小十一岁。我总觉得爸爸爱三叔，正像我爱小妹妹阿必(杨必)，她也比我小十一岁。

我爸爸爱讲他小弟弟小时候的事，小弟弟临睡自己把被子盖好，学着大人要孩子快睡吓唬孩子的话："老虎来了！"一面自己抓抓被子作老虎爬门声，一面闭上眼睛乖乖地睡。三叔叔是又聪明、又乖觉的孩子。

他考入上海南洋公学，虚岁十九就由学校派送美国留学，和我爸爸到美国留学差不多同时。他有公费，生活富裕。但我爸爸从不用他的钱，他们两兄弟也不住在一起。据我爸爸说：美国女人都说他漂亮。他个儿高，相貌也好，活泼可爱。他留美期间，和一位学医的华侨林小姐恋爱了。三叔学的是审计，他学成回国比我爸爸略早。回国前夕，他告诉我爸爸他爱上了学医的林小姐，回国就要解除婚约。三叔叔是十一岁就由父母之命订了婚的。

据我爸爸说，三叔的丈人是举人，任"学老师"。他在我三叔十一岁时，看中了这个女婿。我爸爸说他善于选择女婿。只是女婿可以挑选，女儿都不由他挑选。他的女儿都不得人喜爱。另两个未婚女婿都出国留学，回国都退了婚。两位退婚的小姐都郁郁而死。我爸爸听三叔说要退婚，迟疑了一下，不得不提醒他说："要解约，当在出国前提出。人家小姐比你大两岁，又等了你三年了。"如果退婚，她肯定是嫁不出去的了。三叔叔想必经过了一番内心斗争，和林小姐有情人未成眷属。他回国就和三婶结婚了。

三叔叔和三婶婶新婚也满要好。三叔叔应酬多，常带着新夫人一同出去。据我三婶自己告诉我妈妈，有一次，她不知说了一句什么话，三叔满面涨得通红，连脖子带耳朵都红了。从此以后，再也不带她一同出去应酬了。过些时，他把三婶送回无锡老家，自己一人留居北京。他当时任审计局长。

三叔叔吃花酒，认识了当时最红的名妓林××。这位名妓，不愿嫁阔佬，而钟情于三叔这么个穷书生。三叔也准备娶她，新床都买好了。他原有肺结核病，在美国留学时期治好了。这时忽然大吐血，娶林××事只好作罢。当时我父母同在无锡省视祖母，他们俩回北京时，我妈妈好心，带了三婶同回北京。我三婶不懂事，还嫌跟着我爸爸妈妈回北京，不如丈夫接她风光。我妈妈是知道三叔病了，特地把她带回北京的。

三叔叔大吐血就住进医院了，住的是德国医院——现在北京医院的前身。林××天天到医院看望。一次，三婶看见林××从三叔病房出来，就卷起洋伞打她，经护士劝开。三婶回家，气愤愤地告诉我妈妈。我妈妈说："你怎么可以打人呀?"三婶说："她是婊子。"当时，大太太率领仆妇捣毁姨太太的小公馆是常有的事，但没嫁人的名妓，身份是很高的。

后来林××嫁了一位富贵公子。妓女从良，照例要摆一桌酒席，宴请从前的"恩客"，表示以后不再叙旧情。据我爸爸讲，三叔叔是主客。他身负重病，特地赶去赴宴。此后，三叔叔自知病重，不能工作，就带了三婶和孩子同回老家。几年后因病去世，遗下寡婶和堂妹由我爸爸抚养。后来我堂妹嫁了阔人，但三婶已得老年性痴呆，也没有享福。

我上大学的时期，回家总爱跟着爸爸或妈妈，晚上还不愿回自己房间。有一夜，我听爸爸对妈妈说："小弟弟若娶了林小姐，他不致这样斲丧自己吧?"妈妈默然没有回答。我很为爸爸伤心，妈妈也知道爸爸是怜惜小弟弟而伤心自责。但是他作为年长十一岁的哥哥,及时提醒小弟弟,爸爸错了吗?三叔经过斗争,忍痛和有情人分手,三叔错了吗?我认为他们都没有错。我妈妈真好,她一声也不响,她是个知心的好老伴儿。我回到自己屋里来回地想,爸爸没错,三叔叔也没错。不过感情是很难控制的,人是很可怜的。

六　孔夫子的夫人

孔子曰:“惟女子与小人为难养也。”这句话,得罪了好几位撑着半边天的女同志。其实“周公制礼”,目中就没有女子。虽有男多女少的部族,女贵于男,女子专权,但未见哪一位“周婆制礼”。从前我们可怜的女人被轻视是普遍现象,怪不到孔子。

苏格拉底比孔子后生八十多年。他和老伴儿生过三个儿子,看来也有女儿。因为他喝毒药之前,三个儿子都到监狱里见了父亲,然后,“家里的女人”也来了。“家里的女人”显然不只有一个老伴儿,想必还有女儿呢。苏格拉底对老伴儿一点情分都没有,只看作不明事理的人,打发开就算,没有丝毫怜惜爱护之情。

我读孔子的书,肯定他是一位躬行君子,自己没做到的事是不说的。他栖栖一代中,要求修身、齐家、治国、平天下,他的家一定是和洽的。所以我对孔夫子家的女人,很有兴趣,尤其想见见孔夫子的夫人。

可是我读书不多，一门心思寻找孔子家里的女子，书上绝少记载。据《史记·孔子世家》，他父亲生了九个女儿，没有儿子。年纪过了六十四，娶了颜家最小的女儿，才生了儿子，名丘字仲尼。丘生而父死。《索隐》据《孔子家语》，说孔子三岁而父死。他的年轻妈妈去世之前，当然母子同在一家。究竟他父亲几岁生他，他那位年轻的寡母哪年去世，记载都不详，好像没活多久。孔子十几岁就父母双亡，他的九个姐姐也不知下落。孔子十九岁，娶了一位复姓亓官的夫人，一年就生下一个儿子，名鲤，字伯鱼。伯鱼年五十，先孔子死。伯鱼只生了一个儿子。孔子肯定有女儿，公冶长不就是他的女婿吗？孔子有多少女儿我无从知道，孔子生前，记载中没有提到夫人去世，该是和亓官夫人白头到老的吧？孔子三岁父亲去世时，九个姐姐未必都已出嫁。亓官夫人不会只生一子一女就不再生育。伯鱼年五十，也不会只生一个儿子。从前女人不会节制生育，都生不少孩子呢。书上根本没提伯鱼的妻子，也没说伯鱼生几个女儿。书上就是不屑记载女人的。伯鱼年五十，我也怀疑，因为伯鱼死在颜渊之前，而颜回短命，只活到三十二岁。全部《论语》里，伯鱼只提到两次，据孔子所教导的话，他还很年轻。我记得子路是孔子六十九岁上死的，伯鱼比颜回还死得早呢。

我们读《论语》，就知道孔子的日常生活，无论饮食起居，都很讲究。这种种讲究，他老夫子自己决计是管不了的，当然是由家里女人照料。亓官夫人肯定很能干，对丈夫很体贴，夫妇之间很和洽。“女子小人”虽然难养，孔夫子一定“养”得很有办法。

就看他怎么讲究吃吧。“食不厌精，脍不厌细”，饭煮糊了，鱼肉变味了，他就不吃。饭煮得夹生，他也不吃。五谷果实没熟的不吃。肉得切得方方正正，如果一片厚、一片薄，一块大、一块小，或歪歪斜斜、乱七八糟的，他不吃。市上买的熟食，他不吃。祭肉过了三天，他也不吃。

他穿衣服也讲究。红的紫的不做内衣。我们的内衣，也不爱这么娇艳的颜色。我们也爱用浅淡的素色，否则脏了看不出。暑天穿了薄薄的绸衣，必定要衬衬衣。冬衣什么色儿的皮毛，配用什么色儿的衣料，例如黑羔羊皮配黑色的衣料，白麑皮配素淡的衣料。家常衣服，右边的袖子短些，便于工作。睡觉一定要穿睡衣，睡衣比身体长一半，像西洋的婴儿服。穿了这么长的睡衣还能下床行走吗？当然得别人伺候了。“食不语，寝不言”，吃饭细嚼缓吞，不宜谈话。躺下了再谈话就睡不着了，我有经验。“席不正，不坐”，我更能体会。椅子凳子歪着，我坐下之前必定要放放正，除非是故意放在侧面的。如果我的床垫歪了，我必定披衣下床推正了再睡，否则睡不稳。这不过是生性爱整齐罢了。

孔子出门必坐车，不是摆架子，只是按身份行事。譬如我们从前大人家小姐出门必坐车，不徒步走。他住的房子决不在陋巷，显然有厅堂、有内寝，所以他才说"由也升堂矣，未入室也。"

孔子能齐家，亓官夫人也顶着半个家呢。在我的想像里，亓官夫人想必治家严谨。孔夫子对日常生活够挑剔的，而家里却很和洽。孔子的女儿，儿媳，孙女，以及伺候的女佣，一大群呢，孔子想必"养"得很好，一方面相当亲近，一方面也不让放肆。他认为"君子之道，造端乎夫妇"，所以他和亓官夫人，必定感情很好。亓官夫人即使不是贤能的夫人，至少也是以顺为正，能按照夫子的意愿管理这一大家女人的。

现在咱们家里，如果请了一个没教养的"阿姨"，好养吗？

七 《论语》趣

我很羡慕上过私塾的人，“四书五经”读得烂熟。我生在旧时代的末端，虽然小学、中学、大学的课程里都有国文课，国文并不重要，重要的是数学、理科和英文。我自知欠读的经典太多了，只能在课余自己补读些。

“四书”我最喜欢《论语》，因为最有趣。读《论语》，读的是一句一句话，看见的却是一个一个人，书里的一个个弟子，都是活生生的，一人一个样儿，各不相同。孔子最爱重颜渊，却偏宠子路。钱锺书曾问过我：“你觉得吗？孔子最喜欢子路。”我也有同感。子路很聪明，很有才能，在孔子的许多弟子里，他最真率，对孔子最忠诚，经常跟在夫子身边。孔子一声声称赞“贤哉回也”，可是和他讲话，他从不违拗（“不违如愚”）。他的行为，不但表明他对夫子的教诲全都领悟，而且深有修养。孔子不由得说，“回也非助我者也”，因为他没有反应。孔子只叹恨“吾见其进也，未见其止也。”子路呢，夫子也常常不由自主地称赞，例如“由也兼人”“片言可以折狱者，其由也欤？”“子路无宿诺”等。子路听到夫子的称赞就喜形于色，于是立即讨得一顿训斥。例如孔子说：“道不行，乘桴浮于海，从我者，其由欤？”“子路闻之喜”。孔子接下就说：“由也，好勇过我，无所取材。”孔子曾称赞他假如穿了破棉袍儿，和穿狐皮袍的人站在一起，能没有自卑感，引用《诗经·邶风》的“不忮不求，何用不臧”，子路终身诵之。孔子就说，这是做人的道理，有什么自以为美的。又如孔子和颜回说心里话：“用之则行，舍之则藏，惟我与尔有是夫！”子路就想挨上去讨夫子的称赞，卖弄说：“子行三年，则谁与？”夫子对子路最不客气，马上给几句训斥：“暴虎冯河，死而无悔者，吾不与也。必也临事而惧，好谋而成者也。”

孔子对其他弟子总很有礼，对子路却毫不客气地提着名儿训他：“由，诲汝知之乎？……”子路对夫子毫无礼貌。孔子说：“必也正名乎？”他会说：“甚矣子之迂也。……”孔子不禁说：“野哉！由也。”接着训了他几句。颜回最好学，子路却是最不好学，他会对夫子强辩饰非，说“何必读书，然后为学。”孔子对这话都不答理了，只说他厌恶胡说的人。但是在适当的时候，夫子会对他讲切中要害的大道理，叫他好生听着：“居，我话汝。”（坐下，听我说。）夫子的话是专为他不好学、不好读书而说的。一次，几个亲近的弟子陪侍夫子：闵子是一副刚直的样子，子路狠巴巴地护着夫子，好像要跟人拼命似的。冉有、子贡，和颜悦色。孔子心上喜欢，说了一句笑话：“若由也，不得其死然。”孔子如果知道子路果然是“不得其死”，必定不忍说这话了。孔子爱音乐，子路却是音乐走调的。子路鼓瑟，孔子受不了了，叫苦说：“由之瑟，奚为于丘之门。”门人不敬子路，孔子就护他说：“由也升堂矣，未入于室也。”（以上只是我的见解。据《孔子家语》：子路鼓瑟，有北鄙杀伐之声，因为他气质刚勇而不足于中和。我认为刚勇的人，作乐可以中和；子由只是走调。）

子游、子夏，孔子也喜欢。“吾党之小子狂简，斐然成章”指的可能就是以文学见长的子游、子夏。子游很认真要好，子夏很虚心自谦。夫子和子游爱开开玩笑，对子夏多鼓励。

子贡最自负。夫子和他谈话很有礼，但是很看透他。孔子明明说“君子不器”。子贡听夫子称赞旁人，就问“赐也如何？”孔子说：“汝器也”，不过不是一般的“器”，是很珍贵的“器”，“瑚琏也”。子贡自负说：“我不欲人之加之我也，我亦欲无加之人。”夫子断然说：“赐也，非尔所能也。”孔子曾故意问他：“子与回也孰愈？”

子贡却知道分寸，说他怎敢和颜回比呢，回也问一知十，他问一知二。孔子老实说："不如也"，还客气地陪上一句："我与尔，勿如也。"子贡爱批评别人的短处。孔子训他说："赐也贤乎哉，夫我则不暇。"子贡会打算盘，有算计，能做买卖，总是赚钱的。孔子称他"善货殖，亿则屡中"。

孔子最不喜欢的弟子是宰予。宰予不懂装懂，大胆胡说。孔子听他说错了话，因为他已经说了，不再责怪。宰予言行不符，说得好听，并不力行。而且很懒，吃完饭就睡午觉。孔子说他"朽木不可雕也"。又说："始吾于人也，听其言而信其行。今吾于人也，听其言而观其行，"说他是看到宰予言行不一而改变的。宰予嫌三年之丧太长，认为该减短些。夫子说："子生三年然后免于父母之怀"。父母死了没满三年，你吃得好，穿得好，心上安吗？宰予说"安"。孔子说：你心安，就不守三年之丧吧。宰予出，夫子慨叹说："予之不仁也，……予也有三年之爱于其父母乎？"宰予有口才，他和子贡一样，都会一套一套发议论，所以孔子推许他们两个擅长"语言"。

《论语》里只有一个人从未向夫子问过一句话。他就是陈亢，字子禽，他只是背后打听孔子。他曾问子贡：孔子每到一个国，"必闻其政"，是他求的，还是人家

请教他呀？又一次私下问孔子的儿子伯鱼，“子亦有异闻乎？”伯鱼很乖觉，说没有异闻，只叫他学《诗》学《礼》。陈亢得意说，“问一得三，闻诗，闻礼，又闻君子远其子也。”孔子只这么一个宝贝儿子，伯鱼在家里听到什么，不会告诉陈亢。孔子会远其子吗？君子易子而教，是该打该骂的小孩，伯鱼已不是小孩子了。也就是这个陈亢，对子贡说：你是太谦虚吧？“仲尼岂贤于子乎？”他以为孔子不如子贡。真有好些人说子贡贤于孔子。子贡虽然自负，却是有分寸的。他一再说：“仲尼不可毁也”；“仲尼日月也，无得而逾也”；“夫子之不可及也，犹天之不可阶而升也”。陈亢可说是最无聊的弟子了。

最傲的是子张。门弟子间唯他最难相处。子游说：“吾友张也，为难能也，然而未仁。”曾子曰：“堂堂乎张也，难于并为仁矣。”

我们看到孔门弟子一人一个样儿，而孔子对待他们也各各不同，我们对孔子也增多几分认识。孔子诲人不倦，循循善诱，他从来没有一句教条，也全无道学气。他爱音乐，也喜欢唱歌，听人家唱得好，一定要请他再唱一遍，大概是要学唱吧！他如果哪天吊丧伤心哭了，就不唱歌了。孔子是一位可敬可爱的人，《论语》是一本有趣的书。

八 镜中人

镜中人，相当于情人眼里的意中人。

谁不爱自己？谁不把自己作为最知心的人？谁不体贴自己、谅解自己？所以一个人对镜自照时看到的自己，不必犯“自恋癖”（narcissism），也往往比情人眼里的意中人还中意。情人的眼睛是瞎的，本人的眼睛更瞎。我们照镜子，能看见自己的真相吗？

我屋里有三面镜子，方向不同，光照不同，照出的容貌也不同。一面镜子最奉承我，一面镜子最刻毒，一面最老实。我对奉承的镜子说：“别哄我，也许在特殊情况下，例如‘灯下看美人’，一霎时，我会给人一个很好的印象，却不是我的真相。”我对最刻毒的镜子说：“我也未必那么丑，这是光线对我不利，显得那么难看，不信我就是这副模样。”最老实的镜子，我最相信，觉得自己就是镜子里的人。其实，我哪就是呢！

假如我的脸是歪的，天天照，看惯了，就不觉得歪。

假如我一眼大，一眼小，看惯了，也不觉得了，好比老伴儿或老朋友，对我的缺点习惯了，视而不见了。我有时候也照照那面奉承我的镜子，聊以自慰；也照照那面最刻毒的镜子，注意自我修饰。我自以为颇有自知之明了。其实远没有。何以见得呢？这需用实例才讲得明白。

我曾用过一个最丑的老妈，姓郭。钱锺书曾说：对丑人多看一眼是对那丑人的残酷。我却认为对郭妈多看一眼是对自己的残酷。她第一次来我家，我吓得赶忙躲开了眼睛。她丑得太可怕了：梭子脸，中间宽，两头狭，两块高颧骨夹着个小尖鼻子，一双肿眼泡；麻皮，皮色是刚脱了痂的嫩肉色；嘴唇厚而红润，也许因为有些紧张，还吐着半个舌尖；清汤挂面式的头发，很长，梳得光光润润，水淋淋地贴在面颊两侧，好像刚从水里钻出来的。她是小脚，一步一扭，手肘也随着脚步前伸。

从前的老妈子和现在的“阿姨”不同。老妈子有她们的规矩。偷钱偷东西是不行的，可是买菜揩油是照例规矩，称“篮口”。如果这家子买菜多，那就是油水多，“篮口”好。我当家不精明，半斤肉她报一斤，我也不知道。买鱼我只知死鱼、活鱼，却不知是什么鱼。所以郭妈的“篮口”不错，一个月的“篮口”比她一个月的工资还多。她讲工钱时要求先付后做，我也答应了。

但过了一月两月，她就要加工钱，给我脸瞧。如果我视而不见，她就摔碟子、摔碗嘟嘟囔囔。我给的工钱总是偏高的。我加了工钱嘱她别说出去，她口中答应却立即传开了，然后对我说：家家都长，不只我一家。她不保密，我怕牵累别人家就不敢加，所以常得看她的脸子。

她审美观念却高得很，不顺眼的，好比眼里夹不下一粒沙子。一次，她对我形容某高干夫人："一双烂桃眼，两块高颧骨，夹着个小鼻子，一双小脚，走路扭搭扭搭……"我惊奇地看着她，心想：这不是你自己吗？

我们家住郊外，没有干净的理发店，锺书和女儿央我为他们理发，我能理发。我自己进城做个电烫，自己做头发，就可以一年半载不进城。我忽然发现她的"清汤挂面"发式，也改成和我一样的卷儿了。这使我很惊奇。一次我宴会遇见白杨。她和我见面不多，却是很相投的。她问我："你的头发是怎么卷的？"我笑说："我正要问你呢，你的头发是怎么卷的？"我们讲了怎么卷：原来同样方法，不过她末一梳往里，我是往外梳。第二天我换了白杨的发式。忽见郭妈也同样把头发往里卷了。她没有电烫，不知她用的什么方法。我不免暗笑"婢学夫人"，可是我再一想，郭妈是"婢学夫人"，我岂不是"夫人学明星"呢？

郭妈有她的专长，针线好。据她的规矩，缝缝补补是她的分内事。她能剪裁，可是决不肯为我剪裁。这点她很有理，她不是我的裁缝。但是我自己能剪裁，我裁好了衣服，她就得做，因为这就属于缝缝补补。我取她一技之长，用了她好多年。

她来我家不久，锺书借调到城里工作了，女儿在城里上学，住宿。家里只我一人，如果我病了，起不了床，郭妈从不问一声病，从不来看我一眼。一次，她病倒了，我自己煮了粥，盛了一碗粥汤端到她床前。她惊奇得好像我做了什么怪事。从此她对我渐渐改变态度，心上事都和我讲了。

她掏出贴身口袋里一封磨得快烂的信给我看，原来是她丈夫给她的休书。她丈夫是军官学校毕业的，她有个儿子在地质勘探队工作，到过我家几次，相貌不错。她丈夫上军官学校的学费，是郭妈娘家给出的。郭妈捎了丈夫末一学期的学费，就得到丈夫的休书，那虚伪肉麻的劲儿，真叫人受不了，我读着浑身都起鸡皮疙瘩。那位丈夫想必是看到郭妈丑得可怕，吃惊不小，结婚后一两个星期后就另外找了一个女人，也生了一个儿子。郭妈的儿子和父亲有来往，也和这个小他一二个月的弟弟来往。郭妈每月给儿子寄钱，每次是她工钱的一倍。这儿子的信，和他父亲的休书一样肉麻。

我最受不了的事是每月得起着鸡皮疙瘩为郭妈读信并回信。她感谢我给她喝粥汤，我怜她丑得吓走了丈夫，我们中间的感情是非常微薄的。她太欺负我的时候，我就辞她；她就哭，又请人求情，我又不忍了。因此她在我家做了十一年。说实话，我很不喜欢她。

奇怪的是，我每天看她对镜理妆的时候，我会看到她的"镜中人"，她身材不错，虽然小脚，在有些男人的眼里，可说袅娜风流。肿眼泡也不觉肿了，脸也不麻了，嘴唇也不厚了，梭子脸也平正了。

她每次给我做了衣服，我总额外给她报酬。我不穿的衣服大衣等，还很新，我都给了她。她修修改改，衣服绸里绸面，大衣也称身。十一年后，我家搬到干面胡同大楼里，有个有名糊涂的收发员看中了她，老抬头凝望着我住的三楼。他对我说："你家的保姆呀，很讲究呀！"幸亏郭妈只帮我搬家，我已辞退了她，未造成这糊涂收发员的相思梦。我就想到了"镜中人"和"意中人"的相似又不同。我见过郭妈的"镜中人"，又见到这糊涂收发员眼里的"意中人"，对我启发不小。郭妈自以为美，只是一个极端的例子。她和我的不同，也不过"百步""五十步"的不同罢了。

镜子里的人，是显而易见的，自己却看不真。一个人的品格——他的精神面貌，就更难捉摸了。大抵自

负是怎样的人，就自信为这样的人，就表现为这样的人。他在自欺欺人的同时，也在充分表现自己。这个自己，“不镜于水，而镜于人”，别人眼里，他照见的不就是他表现的自己吗？

九　他是否知道自己骗人？

一九五三年“院系调整”后，我们夫妇同在文学研究所外国文学组工作。同事间有一位古希腊、罗马文学专家。他没有留过学，但自称曾在世界各国留学，而且是和苏联的风云人物某某将军一同飞回中国的。他也是苏联文学专家。但不久就被人识破，他压根儿未出国境一步。可是他确有真才实学，他对于古希腊、罗马的学问，不输于留学希腊的专家。而且他中文功底好，文笔流丽。他还懂俄文，比留学希腊的专家更胜一筹了。他并未失去职位，只成了同事间一位有名的“骗子”——有点滑稽的“骗子”。

我家和他家有缘，曾同住在一个小小办公楼的楼上，对门而居。“骗子”的夫人也是同事，我忘了她什么工作，只记得我和她同岁。她为人敦厚宽和，我们两个很要好，常来往。他家两个儿子、一个女儿常来我家玩。大儿子特聪明，能修电器，常有小小发明。

我看见他们家供着圣约瑟和圣母像，知道他们必是天主教徒，因为新教不供奉圣母。锺书和我猜想，这位先生的古希腊、罗马文，该是从耶稣会的教士学来，准是踏踏实实的。夜深常听到他朗诵中文，我们猜想他好学而能自学，俄文当是自学的。

我们那个小小的办公楼，分住四家。四家合用一个厕所。四家人口不少，早起如厕，每日需排队，而厕所在楼下，我们往往下了楼又上楼。对门的大儿子就发明一个装置，门口装一个小小的红灯泡，红灯亮，即厕所无人。他家门口高悬一幅马克思像，像上马克思脸红了，我们就下楼。那群孩子都聪明，料想爸爸也聪明。我们很好奇，他冒称留学世界各国，他夫人也信以为真吗？他孩子们知道爸爸撒谎吗？

我们两家做邻居的时期并不长久，好像至多一两年。我家迁居后和他们仍有来往。他们夫妇，很早就先后去世，"骗子"先生久已被人遗忘。如果他不骗，可以赢得大家的尊敬。我至今好奇，不知他家里人是否知道虚实。

一个人有所不足，就要自欺欺人。一句谎言说过三次就自己也信以为真的，我们戚友间不乏实例。我立刻想到某某老友就是如此。自欺欺人是人之常情，程度不同而已。这位"骗子"只是一个极端。

十　穷苦人 三则

（一）路有冻死骨

上海沦陷时期，常看见路上冻死、饿死的叫花子。我步行上班，要经过一方荒僻的空地。一次，大雪之后，地上很潮湿，可是雪还没化尽。雪地里，躺着一个冻死或饿死的叫花子。有人可怜他，为他盖上一片破席子，他一双脚伸在席外。我听过路人说："没咽气呢，还并着两只脚朝天竖着呢。"到我下班回家时，他两脚"八"字般分向左右倒下了，他死了。有人在他身边放了一串纸钱，可是没人为他烧。我看见他在雪地里躺了一天，然后看见"普善山庄"的人用薄皮棺材收殓了尸体送走了。上海有个"普善山庄"专"做好事"，办事人员借此谋生，称"善棍"。

有一次，锺书和我出门看朋友，走累了，看见一个小小土地庙，想坐门槛上歇歇。只见高高的门槛后面，躺着一个蜷曲的死人，早已僵了。我们赶忙走开。不知这具尸体，哪天有人收殓。

（二）吃施粥

抗日寇胜利后，我住蒲园。我到震旦女校上课，可抄近路由学校后门进校。霞飞路后面有一片空场是“普善山庄”的施粥场，我抄近路必经之处。所以我经常看到叫花子吃施粥。

附近的叫花子，都拿着洋铁罐儿或洋铁桶排队领粥，秩序井然，因为人人都有，不用抢先，也不能领双份。粥是很稠的热粥，每人两大铜勺，足有大半桶，一顿是吃不完的，够吃两顿。早一顿是热的，晚一顿当然是冷的了。一天两顿粥，可以不致饿死。领施粥的都是单身，都衣服破烂单薄，多半抢占有太阳的地方。老资格的花子，捧了施粥，挑个好太阳又没风的地方，欣欣喜喜地吃；有时还从怀里掏出一包花生米或萝卜干下粥。绝大多数是默默地吃白粥。有一次，我看见老少两人，像父子，同吃施粥。他们的衣服还不很破，两人低着头，坐在背人处，满面愁苦，想是还未沦为乞丐，但是家里已无米下锅了。我回家讲给锺书听，我们都为这父子俩伤心；也常想起我曾看见的那两个尸体，他们为什么不吃施粥呢？该是病了，或不会行动了吧？

（三）“瞎子饿煞哉！”

上海沦陷期间，钱家租居沿马路的房子，每天能听到“饿煞哉！饿煞哉！瞎子饿煞哉！”的喊声。我出门经常遇到这个瞎子，我总要过马路去给他一个铜板。瞎子一手用拐杖点地，一手向前乱摸，两眼都睁着。那时候，马路上没几辆汽车，只有24路无轨电车，还有单人或双人的三轮车，过马路很容易。

我每天饭后，乘24路无轨到终点下车，然后要走过一段“三不管”地带，再改乘有轨电车到终点，下车到半日小学上课。“三不管”是公共租界不管，法租界不管，伪政府也不管，是歹徒出没的地方，下课后那里的夜市非常热闹。黄包车夫或三轮车夫辛苦了一天，晚上围坐在吃大闸蟹的摊儿上吃死蟹，真是俗语：“告花子吃死蟹，只只好！”他们照例有姜末，也有香醋。蟹都是捆着的，个儿很大，不过全都是死蟹，看他们吃得真香！我看到穷苦人的享乐，大有兴趣。我自己肚里也饿得慌呀。但是我如果放慢脚步，就会有流氓盯梢，背后会有人问："大闸蟹吃哦？"我赶忙急急赶路，头也不敢回。

一次我下课后回家，就在大闸蟹摊附近，有一个自来水龙头，旁边是一片铺石子的空地。我看见那个"饿煞哉"的瞎子坐在自来水龙头前面，身边一只半满的酒杯，周围坐着一大圈人，瞎子显然是这伙人的头儿，正指手划脚、高谈阔论呢。我认得这个瞎子，瞎子也看见我在看他了，顿时目露凶光，吓得我一口气跑了好老远，还觉得那两道凶光盯着我呢。以后我听到"瞎子饿煞哉！"总留心躲开。我从未对他有恶意，他那两眼凶光好可怕呀！我读过法国的《乞丐市场》，懂得断臂的、一条腿的、浑身创伤的乞丐，每清早怎样一一化装。但我天天看见这个不化装的假瞎子，从未怀疑过他的真假。真是"君子可以欺以方也"，想到他眼里那两道凶光，至今还有点寒凛凛的。

十一 胡思乱想

（一）胡思乱想之一

我不是大凶大恶，不至于打入十八层地狱。可是一辈子的过错也攒了一大堆。小小的过失会造成不小的罪孽。我愚蠢，我自私，我虚荣，不知不觉间会犯下不少罪。到我死，我的灵魂是怎么也不配上天堂的。忏悔不能消灭罪孽，只会叫我服服帖帖地投入炼狱，把灵魂洗炼干净。然后，我就能会见过去的亲人吗？

我想到父母生我、育我、培养我，而他们最需要我的时候，我却不在身边，跑到国外去了，还顶快活，只是苦苦想家。苦苦想家就能报答父母吗？我每月看到阴历十一夜的半个月亮，就想到我结婚前两夕，父母摆酒席“请小姐”的时候，父母不赴宴，两人同在卧室伤感吧？我总觉得是女儿背弃了父母。这个罪，怎么消？

我的父母是最模范的夫妻。我们三个出嫁的姐妹，常自愧不能像妈妈那样和顺体贴，远不如。我至少该少别扭些，少任性些，可是没做到，我心上也负疚。

至于女儿，我只有一个女儿，却未能尽妈妈的责任。我大弟生病，我妈妈带了他赶到上海，到处求医，还自恨未尽妈妈的责任。我却让女儿由误诊得了绝症，到绝症末期还不知她的病情，直到她去世之后，才从她朋友的记述中得知她病中的痛楚，我怎么补偿我的亏欠呀？

苏格拉底在他等候服毒之前，闲来无事，讲讲他理想的天堂地狱。他说：鬼魂泡在苦海里，需要等他生前亏负的人饶恕了他，才得超生。假如我喊爸爸妈妈求宽恕，他们一定早已宽恕了。他们会说："阿季，快回来吧！我们等你好久了。"若向锺书、圆圆求宽恕，他们也一定早已宽恕了，他们会叫"娘，快回来吧！我们正等着你呢。"可是我不信亲人宽恕，我就能无罪。

老人的前途是病和死。我还得熬过一场病苦，熬过一场死亡的苦，再熬过一场炼狱里烧炼的苦。老天爷是慈悲的。但是我没有洗炼干净之前，带着一身尘浊世界的垢污，不好"回家"。

（二）胡思乱想之二

假如我要上天堂，穿什么“衣服”呢？“衣服”，不指我遗体火化时的衣服，指我上天堂时具有的形态面貌。如果是现在的这副面貌，锺书、圆圆会认得，可是我爸爸妈妈肯定不认得了。我妈妈很年轻，六十岁还欠两三个月。我爸也只有六十七岁。我若自己声明我是阿季，妈妈会惊奇说：“阿季吗？没一丝影儿了。”我离开妈妈出国时，只二十四岁。妈妈会笑说：“你倒比我老了！”爸爸和我分别时，我只三十三岁，爸爸会诧异说：“阿季老成这副模样，爸爸都要叫你娘了。”

我十五、六岁，大概是生平最好看的时候，是一个很清秀的小姑娘。我愿意穿我最美的“衣服”上天堂，就是带着我十五、六岁的形态面貌上天。爸爸妈妈当然喜欢，可是锺书、圆圆都不会认得我，都不肯认我。锺书决不敢把这个清秀的小姑娘当作老伴；圆圆也只会把我看作她的孙女儿。

假如人死了，灵魂还保持生前的面貌，美人也罢了，不美的人，永远那副模样，自己也会嫌，还不如《聊斋》里那个画皮的妖精，能每夜把自己画得更美些。可

是任意变样儿，亲人不复相识，只好做孤鬼了。

亲人去世，要梦中相见也不能。但亲人去世多年后，就能常常梦见。我孤独一人已近十年，梦里经常和亲人在一起。但是在梦中，我从未见过他们的面貌和他们的衣服，只知道是他们，感觉到是他们。我常想，甩掉了肉体，灵魂彼此间都是认识的，而且是熟识的、永远不变的，就像梦里相见时一样。

十二　她的自述

作者按：这条注，我嫌篇幅太长，想不收了。但都是真人实事，不是创作。除了太爷爷的事像故事，那是她妈妈转述的。真人实事，可以比小说离奇，却又是确有其事。后部我嫌烦琐删掉了。以下都是她本人讲的。我只改了姓名。

奶奶，你都没法儿想，我小时候多么穷、多么苦。大冬天，我连一条裤子都没有！光着两条腿，好冷唷！我二奶奶有一双套裤。她不穿，我就拿来穿了。腿伸进套裤，真暖和，可是没有裆。我大舅是裁缝，我拣些布头布角缝了个裆。那时候，我才几岁呀！

奶奶，我不乱扯，我从头讲。不过从头的事，都是我听妈妈讲的。我妈老实，从来不扯谎。有些事，她也不大知道。

我家是安徽人。我们的村子叫吴村，多半人家姓

吴。我家姓邓，是外来户。我的太爷爷是砌灶的泥瓦匠。他肩上搭一条被套，另一个肩上一前一后挂两只口袋。一只口袋里是吃饭的一只饭碗、一双筷子；另一只口袋里是干活儿用的一块木板和一个圬泥的镘子。他走街串巷，给家家户户砌灶。夜里，在人家屋檐下找个安顿的角落，裹上被套睡觉。

有一年冬天特冷。大年三十，连天连夜的大雪。雪好大唷，家家的大门都堵得开不开了。我太爷爷没处可睡，就买了一把大扫帚，一路扫雪开道。家家都给钱。他连夜从河对岸扫过了河。我们那里的河都通淮河，不过离淮河还很远，那年都连底冻了。大年初一他扫进吴村。大雪里，家家户户的大门都堵住了。他一条一条街上扫，家家都给钱，开门大吉呀！他四季衣衫都穿在身上。衬衣上穿背心，背心上穿棉袄，棉袄上罩夹袄，压着棉袄暖和些。每件衣服都有两个口袋。他浑身口袋里都装满了钱，连搭在肩上的两只口袋也装满了钱。他穿的是扎腿裤，单的在里，夹的罩在棉裤外面，他裤子里也装满了钱，走路都不方便了。

村里有个大户人家，有个老闺女没嫁掉。那家看中我太爷能干勤快，人也高高大大、结结实实，相貌还顶俊，愿意把闺女嫁给他。他就正式下了聘，那家也陪了好一份嫁妆。他就在吴村买地盖房、租地种田；农闲的时候，照旧给人家砌灶，就这样在吴村安家落户了。

他们生了三个儿子，娶了三房媳妇，有没有闺女，不知道了。我爷爷是大儿子。我奶奶是个病包儿，一双小脚裹得特小。她头胎生了一个儿子，就是我爹。她没有再生第二胎。我爹是一九一六年生的，属龙。我妈小一岁，属小龙。二爷爷只生女儿。我二奶奶是村里的接生婆。人家生了女的，不要，就叫二奶奶给淹死在马桶里。有的孩子不肯死，二奶奶就压上一块砖。她作孽太多了，冤鬼讨命了。她尽生女的，生了就死，只养大一个。三爷爷娶了三奶奶，生过一男二女。日本鬼子到了我们村上，杀人放火，好多人家房子给烧了。我家也烧了。后来我家在原先的地基上盖了新屋。我爷爷还住最前面的一进；二爷爷把他家屋基往西挪挪，东边让出一溜地，他在东头另开了一个朝东的小门。三爷爷早死。我二爷爷管家很严。三奶奶的房子在二爷爷后面，出出进进只可以走我们家的大门。

我妈生过多少孩子，她自己也记不清。有的没养大，有的送人了。我姐大我五岁，叫招弟。她招来一个弟弟送人了。那时候，我爹逃出去打游击。我爷爷身胚子弱，他名下的田，都让我二爷爷种了。三爷爷的地也让我二爷爷种，三爷爷的儿子还小呢。每年二爷爷给爷爷奶奶一份粮，也给三奶奶家一份粮。三奶奶家

倒是够吃的，我们家可不够，因为我爹常回家，衣服要缝缝补补，他还带了同伙来吃饭。我妈妈做饭，老是干一顿、稀一顿，省下米来供我爹吃饭。

徽州人出门做生意的多。做生意的都有钱。有个生意人问我妈要招弟姐招来的那儿子。我妈想，自己家里吃不饱，他家要儿子，是有钱啊。家住城里，有吃有穿，长大了还可以上学，妈就把儿子给掉了。爹不管家里的事。我家墙上有个缺口，爹常夜里翻墙回家，还开了大门请同伙吃饭。同伙有一个女的，戴着个八角帽。我妈不知道她是女人。她就是二奶奶说的狐狸精、扫帚星。她来过好多次呢，我二奶奶告诉了我妈，我妈还不信。这女人姓丁，她比我妈小十一岁，比我爹小十二岁。

我爹是游击队长。他会摸碉堡。什么碉堡我也不懂，只知道摸到一个碉堡能缴获许多枪支弹药，不过很危险。有一次我爹给国民党狗仔子逮着了，把他拴在梁上。这群狗仔子立了大功，喝酒吃肉庆功。我爹两手腕子给拴得紧紧的。可是他会使劲把身子撑起来，把胳膊肘子靠在梁上。狗仔子只见他身子悬在空中，不知他直在偷偷啃绳子。他们喝醉吃饱，东倒西歪地睡着了，我爹啃断了一根绳子，脱出手来，解了另一条绳子，从梁间轻轻落地。可是挂了一天，浑身酸痛，又渴又饿，只会在地上爬了。他爬出屋子，外面的狗就汪汪叫。幸亏他连爬带滚，滚落在一个沟里，终究逃出来了。

我家经常有人来搜查。可是我爹总不在家。我爷爷顶老实，胆儿最小。他和我妈都是最本分的。我爹干什么，他们都不知道。街坊都说，“这‘木奶奶’知道什么呀！”我妈是有名的“木奶奶”，因为她脑筋慢，性子犟，就像木头。我妈家务事还是很能干的，特爱干净，做事也勤快。

我是一九四九年正月底生的，属牛，因为还没到立春呢。我们农村都用阴历，都说虚岁。我爹是解放以后敲锣打鼓回村的。他就做了村长，又兼做村里的小学校长。当时我妈已经怀上我弟弟了。我爷爷奶奶原先睡在我妈房间对面的正房里。爷爷最老实，怕他的儿子。爹回来了，一回家就带一大帮人。爷爷说，我爹客人多，没个会客的地方，就把卧房让出来，给爹会客。他老两口子住了西厢房。正房中间一间是吃饭的。灶，就在妈妈正房前的东厢房旁边。我爹从前回家翻墙出入，当了村长就不好翻墙了。他白天总在外边吃饭，晚饭多半家里吃，总带着一伙同事。晚饭以后，同事散了，爹就悄悄出门。我妈后来知道，那姓丁的女人不知在哪儿藏着，爹每晚到她那儿去。我姐会讨好爹，

晚上给他关大门，清早给他开大门，有时是虚掩着大门。

爹要是不出门，晚上就用门闩打妈。我妈只是护着自己的大肚子。我才两岁，看见爹打妈，就趴在妈妈大肚子上护妈妈，为此也挨了爹的门闩。门闩打得很痛。我大了才知道是那姓丁的要我爹逼我妈在休书上按手印。妈妈死也不肯。她后来告诉我："我一人回娘家，总有口饭吃，可我总不能拖男带女呀！我要是把你们抛下，你那时候像个大蜻蜓，脸上只有两只大眼睛，细胳膊细腿，一掐就断。弟弟小，你们两个还有命吗？"

我刚出生就得了咳嗽病，咳得眼角流血。我吃妈妈的奶，吃了四个月，长得胖乎乎。爹有个战友，夫妻不会生孩子，就要我做女儿。爹答应了。他们特地请城里念书人给起了名字，叫秀珠。妈嫌珠子珍贵，小孩儿名字越贱越好。她只叫我秀秀。爹的战友还为我做了新衣；换上新衣，就把我抱走了。

我妈呆呆地坐着发愣。二奶奶说："又给人了，这一给就一辈子看不见了。"我妈给掉了姐招来的弟弟，大概老在惦记。这回经二奶奶一提醒，她不干了，二话没说，抬身就往码头赶。战友夫妻是乘轮船回家，男的已经上船，女的抱着我正要上船。我妈从她手里把我抢了过来，回身就跑，一口气跑回家。我是妈这样抢回来的。

我妈睡的房，不朝东开窗，因为外边是荒地。可是窗子总得有一个，不朝东就朝北。北面是我二爷爷的房。爹打妈，二爷爷那边全看得见。二爷爷看不过了。他很生气。他说我爷爷从小娇养，身子弱，他不争气也罢了。我爹精精壮壮的好汉，迷上了狐狸精，又是个不争气的。他就找我大舅二舅想办法。我大舅二舅都怕村长，只说，等我妈生下孩子，我妈回大舅家。可是生了孩子还得喂奶，不能生了就走啊。爹是村长，人人都看着他呢，总不能一人养两个老婆。我妈咬定她不另嫁人，也不回娘家，她一个人过。二爷爷就做主了，叫把妈的两间东厢房还带着个柴间划归我妈。东厢房的门是向院子开的，柴间的门也向院子开，厢房和正房是通连的。二爷爷和爹说好，把通正房的门砌死，向院子开的东厢房门也砌死，另向东边开一扇出入的门。柴间的门就不堵了，由妈妈关上就行。商量停当，妈妈就在休书上按下了手印。砌两个小门、开一个小门费不了多大功夫。我妈搬家省事，只从屋里搬，不用出门。我的姐，还住爷爷奶奶的西厢房尽头靠近大门的屋里。她跟爷爷奶奶一起跟爹过。

我听妈妈讲，那姓丁的进门是晚上，好热闹呀。我弟弟还没生呢，我会走了。妈妈开了柴间的一缝门看热闹。爹脖子上骑着个男孩子，妈说是和我一般大小，姓丁的抱着个女孩子叫小巧贞，还有许多赶热闹的人，大概在外面摆酒了。我爷爷奶奶关了门没出来。

我家东向的小门外是大片荒地，荒地尽头是山坡。大舅家在山坡上，离我家不远。我妈生弟弟，大舅妈常来照顾我妈。二爷爷每月给妈妈一份柴米。弟弟断奶后，我妈在门外开荒或上山打柴。卖了钱就买点猪油，熬了存在罐子里。她每天出门之前煮一锅很稠的粥，我和弟弟一人一碗，我们用筷子戳下一小块猪油放在粥里，搅和搅和就化了。粥和油都不热，猪油多了化不开，所以我们吃得很省。

我四岁那年春天，不知生了什么病快死了，差点儿给扔到河里去喂鱼了。我们乡下穷人家小孩子死了，就用稻草包上，捆一捆，往河里一扔。你要是看见河里浮着个稻草包儿，密密麻麻的鱼钻在稻草包下，那就是在吃那草包里的馅儿呢。

我妈用稻草横一层、竖一层摊了两层，把我放在稻草上，柴间的门是朝西向院子开的，大河在我家西边。两层稻草合上，捆一捆，我就给扔到河里去了。我奶奶说，好像还有气儿呢，搁在院子里晒晒，看能不能晒活。白天晒，晚上就连稻草一起拉到屋檐下晾着。晒了三天，我睁开眼睛了。我拣回了一条小命。

我爹有一次在家吃鱼，是谁送了很多鱼吧！爹忽然想到了我和弟弟，叫人来我家叫我和弟弟过去吃鱼。我五岁，弟弟三岁。我们各自拿了自己的小木碗。“丁子”(我从来不叫那姓丁的，背后称她“丁子”)夹给弟弟一块鱼，把筷子使劲往小碗一戳，小木碗掉地下了。丁子随手就打了他一下。我拉着弟弟拣了小木碗回身就往家跑。爹叫人过来喊我们回去，我闩上了门。我在门里喊：“我们不吃鱼！臭鱼！臭鱼！”

我们村里，白天家家都开着大门。我一老早就出门溜达。所有认识的人家我都去。见了人也不理，问我也不说话。谁瞪我一眼，我回身就跑了。所以大家管我叫呆子。我妈渐渐身体亏了，常在家。有一天，我到二爷爷家，他正在吃饭，夹给我吃一块肉。我含着肉忙往家跑，把含的肉吐给妈妈。妈妈舔了舔，咬下半块给弟弟吃，留下半块给我吃了。这是我第一次吃肉。可是肉什么滋味，我没吃出来。

我爹做了村长，家里好吃的东西多着呢。院子里系上一根绳子，绳子上挂满了鱼呀、肉呀、鸡呀，都是干的。丁子进门那夜，没请爷爷奶奶出来见面。爷爷奶奶就不理丁子。丁子吃饭就不叫他们，让他们吃剩饭剩菜。我奶奶是啥事也不管的，有剩饭剩菜，不用自己动手，就吃现成的。我爷爷最老实，可脾气最大，最爱生气。生了气只闷在肚里。有一天他特地过来看我妈,叫我妈偷点鱼、肉和鸡,给他做一顿好饭。丁子每天上班,我妈等她出了门,就拿了一把大剪子,剪些鸡翅、鸡腿和干肉,又拿了些鱼,给爷爷做了一顿好饭。我奶奶吃了些剩饭剩菜,正在外边屋里,跟几个老妈闲聊。我爷爷一人吃完饭,就拿了一条绳子,搬个凳子,爬上去把绳子拴在梁上,把绳子套在脖子上,把凳子蹬翻了,可他还站着。

我很奇怪,就叫奶奶了。我说爷爷挂在绳子上,爷爷踢翻了凳子,爷爷还照样儿站着。说了几遍。和奶奶一起闲聊的老太太说:“你们呆子直在嚷嚷什么呢?看看去。”她们就过来了。一看爷爷吊在西厢房外间,大家都乱了,忙叫人来帮忙,把爷爷解下来。二爷爷也过来了。我爷爷已经死了。桌子上还有剩菜呢。我是看着他上吊的。当时很奇怪怎么没有凳子,他还能站着。

我奶奶病倒了。我姐不肯陪奶奶睡。妈就叫我过去陪奶奶睡。奶奶叫我“好孙子,给奶奶焐脚。”奶奶一双小脚总是冰冷的。我弟弟大了会自己玩儿了。我常给奶奶端茶端饭。有一次,我趁丁子转身,就抓了一大把桌上的剩菜给奶奶吃,奶奶忙用床头的一块布包上,她吃了一点,说是虾,好吃,留在枕头边慢慢吃。

我奶奶的大腿越肿越大，比她的小脚大得多，她只能躺着，不能下地了；拉屎撒尿也不能下床。她屋里有个很大的马桶，我提不动。马桶高，我只能半拉半拖，拉到床前的当中，我就把奶奶歪过来，抱住她一条腿，扛在肩上，又抱住另一条腿，扛在另一个肩上，奶奶自己也向前挪挪，坐上马桶。奶奶老说："好孙子，这办法真好！"可是马桶盖上了盖，留在床前，奶奶嫌臭，说她觉得心里翻跟斗。我使劲又把马桶拉远些。这个马桶很大，能攒不知多少屎尿，我拖着拉着就是重，却不翻出来。

有一天，我奶奶都没力气说"好孙子，给奶奶焐脚"了。我抱着她的脚睡，从来焐不热。这天睡下了，醒来只觉得奶奶的脚比平常更冷了，而且死僵僵的，一推，她整个人都动。我起来叫奶奶，她半开着眼，半开着嘴，叫不应了。我吓得出来叫人了，奶奶死了。

我爹成天在外忙，总老晚才回家。丁子那边并不顺当。和我同岁、骑在爹脖子上进门的那男孩出天花。丁子说，天花好不了，还得过人，裹上一条旧席子，叫人掮出去在山脚下活埋了。埋他的人不放心，三、五天后又从土里扒出来看看。我没去看。看的人都说，他鲜亮鲜亮，像活人一样。大家都说，别是成了什么精怪吧，反正已经死了，就把他烧了。

小我一岁的小巧贞也是生病，不知什么病，这也不吃，那也不吃，还闹着要吃鲜果子。丁子气得扇了她一个大巴掌，她就没气儿了。丁子说，小孩子不兴得睡棺材，找了个旧小柜子当棺材，把柜门钉上，让人抬到山岗野坟里，和另外几口棺材一起放着，等一起下土。抬出门的时候，我正骑在我家大门的门槛上。我没起身，只往边上让让。我好像觉得柜子里的小巧贞还在动。我没敢说，我怕丁子打。过些时候，传说小巧贞的柜子翻身了。有人主张打开看看。我特意跟去看了。小巧贞两腿都蜷起来了，手里揪着一把自己的头发。她准是没死，又给丁子活埋了。我妈妈叹气说："亲生的儿女呀，这丁子是什么铁打出来的啊。你们两个要是落在她手里，还有命吗？"不过丁子又怀上孩子了，肚皮已经很大了。

一九五七年秋天，我九岁，我们村子破圩了，就是水涨上来了，屋里进水了。大舅家也进水了。大舅带了我妈妈一家三口，还有许多人家，都带些铺的、盖的、吃的，住到附近山上去。可是山里有狼，有一家小孩夜里给狼吃了，只吃剩一只脚，脚上还穿着虎头鞋呢。大家忙又往别处逃。大舅劝我妈回村，因为爹做校长的小学在村子北边两里地外，地高没水。大舅就和我爹说好，让我家三口住在食堂旁边堆杂物的小屋里，自己开伙。我们就拣些食堂的剩菜剩饭过日子。吃食堂得交伙食费。

我看见学生上课，真羡慕。我姐认丁子做妈，也叫她“妈妈”，我说她不要脸，吃了妈的奶长大的，肯认丁子做妈！可是她就一直上学啊！她小学都毕业了。我直想在课堂里坐坐，也过过瘾。可我就是上不了学。我对妈说：“你让我爹的战友带走，我进了城，也上小学了。”妈说：“秀秀呀，你记着，女人的命只有芥子大，你进了城，准死了，还能活到今天吗？”

我有个叔伯哥哥叫牛仔子，爹很喜欢他，他专会拍马屁，常来我家帮忙，他在学校里工作。一次，食堂蒸了包子。我从没见过包子。牛仔子站在笼屉前吃包子呢。我挨着墙，一步一步往前蹭，想看一眼。吃不到嘴，能看上一眼也解馋啊。这牛仔子真浑。他举着个包子对我扬扬，笑嘻嘻地说：“你也想吃吗？哼！”他把包子自己吃了。我气得回身就跑。妈说：“你站着等，爹会给你吃。”我说：“妈呀，我从来不敢看爹一眼。路上碰见，我赶忙拐弯跑了；要是没处拐弯儿，就转身往回里跑。”我恨他。我长大了问妈恨不恨爹，妈叹口气说：“他到底是你们的爹呀。”她不恨。

饿死人的时候我十岁了。我看见许多人天黑了到田里偷谷子。我就拣了妈没用的方枕头套跟在后面。

我人小，走在田里正好谁也看不见我。我就跟着偷。有的干部把袖管缝上，两袖管装得满满的。我等他们转背，就从他们袖管里大把大把抓了谷子装在枕套里；装满了，我抱不动，拖着回家。我找一块平平的大石头，又找一块小石头。把谷子一把一把磨，磨去了壳儿，我妈煮成薄汤汤的粥。那时候，谁家烟筒里都不准冒烟的。我家烟筒朝荒地开，又开得低，夜里冒点儿烟没人看见。爹也还照顾我们，每天叫姐带一两块干饼子回来。我姐逼我偷，我不偷她不给吃饼。可是我一天不磨谷子，一家人就没粥吃。妈妈把稀的倒给自己和我，稠的留给弟弟。有一次很危险，我拖着一枕套谷子回家，碰上巡逻队了。我就趴在枕套上，假装摔倒的。巡逻队谁也没看我一眼。他们准以为我是饿死的孩子，谁也没踢我，也没踩我。我二舅是饿死的。他家还有一只自己会找食的鸡。二舅想吃口鸡汤，二舅妈舍不得宰，二舅就饿死了。

我也赚工分。可是姐老欺负我。抬水车，她叫我抬重的一头。她抬轻的一头。我十三岁，弟弟十一岁，给人家放牛，一年八十工分。家里没劳动力，有人做媒让我姐姐招亲，招了一个剃头的。剃头很赚钱。他不是我们村上人，这剃头的长相不错，我姐愿意了。他是招亲，倒插门，帮我家干活儿的，不用彩礼。可是招亲才一年，我姐就和他双双逃走了。我妈四十七岁得了浮肿病，不能劳动了。那年我十四岁，只是最低的一等工，工分是八分五。我拾鸡屎，也能挣工分，养了鸡卖蛋，也能挣钱。我家大门口有棵栀子树，栀子花开，又肥又大，我每天一清早采了花，摆渡过河到集市上去卖。我宁可少挣钱，只求卖得快，一分钱一朵，卖完就回家赚工分。

圩埂的西边有个菱塘。长的是野菱，结得很多。菱塘不大，可是有几处很深。我看见近岸的菱已经给人采了。我悄悄地一个人去，想多采些，也可以卖钱。我顶了个木头的洗澡盆去采菱。盆不大，可我个儿小，也管用了。我采了很多菱，都堆在盆里，一面用手划水，一面采。那年秋老虎，天气闷热，忽然一阵轻风，天上吹来一片黑云。黑云带来了大风大雨；风是横的，雨是斜的，雨点子好大唷，我盆里全是水了。我正想拢岸，忽然一阵狂风把我连澡盆儿刮翻。幸亏澡盆反扣在水面上，没沉下去。我一手把住澡盆的边，一手揪着水面的菱叶往岸边去。我要是掉进菱塘，野菱的枝枝叶叶都结成一片，掉进去就出不来了。前两年有个和我玩的小五，掉入菱塘淹死了。我想这回是小五来找我了吧。亏得我没有沉下去，大风只往岸边吹，我一会儿就傍岸了。我从水里爬出来，就像个落水鬼。采了

许多菱全翻掉了，顶着个澡盆水淋淋地回家。我妈知道我是去采菱的，她正傻坐着发愣，看见我回去，放了心说："回来了！我怕你回不来了呢！"我妈就是这么个"木奶奶"。她就不出来找找我，或想办法帮帮我，只会傻坐着呆呆地发愣。

我跟着送公粮的挑着公粮上圩埂。我看他们都穿草鞋，我也学着自己编草鞋。先编一个鼻子，从鼻子编上鞋底，再编襻儿，穿上走路轻快。我自己做一条小扁担，天天跟着大人上圩埂送公粮。可是年终结账，我家亏欠很多工分。我才十四岁，一家三口靠我一人劳动，哪行啊！我站在公社的门口呜呜地哭。旁人看不过，都说，该叫我姐分摊。他们就派我姐分摊了。过了三两年，我养猪挣了钱，我姐还逼着把我借的钱照数还清，一分也不让。

公社有了文工团，唱黄梅戏也赚工分。我学得快，学戏又认了字。我嗓子好，扮相好，身段也好，尽演主角。头一次上台，看见眼前一片黑压压的人，心上有点怯怯的。台下几声喝彩，倒让我壮了胆。以后我上台，先向台下扫一眼，下面就一声声喝彩。我唱红了。下戏只听大家纷纷说："这不是邓家那呆子吗？倒没饿死！真是女大十八变！"有人说我一双大眼睛像我爹，我爹大眼睛，很俊，可是我不愿意像我爹。我妈从没看过我演戏。不过唱戏的工分高。这段时候我家日子好过了。

接下就是一九六六年的文化大革命了。我爹成了黑帮,那个牛仔子是爹的亲信。他要划清界线,说了我爹许多不知什么话。那丁子是早有婆婆家的。花花红轿抬到她家门口,她逃出去打游击了。这是我爹一份大罪,公愤不小。我爹给活活的打死了。丁子刚生了另一个女儿,也挨斗了,可她只挨斗。

我们不唱黄梅戏,唱样板戏了。我还做主角。我已经识了不少字。我抄唱段,也学会了写字。可是我妈上心事,妈妈说:“你爹走了,我也不用再为他操心了。只是你,唱戏的死了要做流离鬼。”什么是流离鬼,我也不知道。我叫妈妈放心,我只是要挣钱养家。只要能挣工分,就不唱戏。妈说,给你找个人家,你好好地嫁了人,妈也好放心。我说,好,你找个好人,我就嫁人,不唱戏。

那年冬天,我和一伙女伴儿同在晒太阳,各自端着一碗饭,边吃边说笑。忽听得双响爆仗。大家说:“谁家娶亲呢,看看去!”一看,不是别家,就是我家。我进门,看见大舅和一个客人刚走。原来妈妈给我定了亲。姓李,住大舅那边屯上,大舅做的媒,说这李家就是家里穷些,没公没婆,这人专帮人家干活,顶忠厚,高高大大,生得壮实,人也喜相,妈妈看了很中意。定亲的彩礼没几件,都在桌上呢。

我大舅妈也是饿死的。大舅是裁缝,干的是轻活儿,没饿死,不过也得了病,眼睛看不清了,不能再干裁缝那一行了。他会写写账,帮着做买卖,日子过得还不错。他没有老伴儿了,就抢了一个。我们村上行得抢寡妇。我大舅有一伙精精壮壮的朋友,知道有个很能干的新寡妇,相貌也不错,乘她上坟烧纸就把她捆了送到我大舅家。这寡妇骂了三日三夜,骂也骂累了,肚子也饿得慌,就跟了我大舅。我们村上女人第一次出嫁由父母作主,再嫁就由自己做主。这是抢寡妇的道理。没想到我这个舅妈,特会骂,骂起人来像机关枪。我们就叫她机关枪,她别的也不错,就是骂人太厉害。她从来不管我家的事。

我们未婚夫妻也见过面了。我叫他李哥,他叫我秀秀。我们有缘,我李哥借了大舅家一间房,我就过门做他家媳妇了。没想到机关枪不愿借房,我们天天挨机关枪扫射,实在受不了,没满一个月,我就回娘家了。

我说:“妈,你有两间厢房,北头一间小的,你一人住。弟弟已经住到姐住的那边去了。连柴间的厢房大,租给李哥吧。我们写下契约,按月付租钱。住得近,好照顾你,也免得我挂心。”

妈妈说："哪里话，你们住回来，我高兴还来不及，怎能要租钱呢！快回来吧！"李哥还是写了租约。我们就和妈妈住一起了。好在我也没嫁妆，说回家就回家了。我们和妈紧紧凑凑地生活在一起，又亲热，又省钱，我现在回头看，我这一辈子，就这几年最幸福，最甜蜜。想想这几年，我好伤心呀。

老李孝顺妈。他人缘特好，二爷爷二奶奶都喜欢他。我弟弟爱玩儿，他名下的地，就叫老李种。连丁子都讨他好，丁子还没嫁人呢。三奶奶的儿子投军当了解放军，女儿都嫁了军人，三奶奶只一个人过，也喜欢这个老李会帮忙。

我连生了一男一女，大的叫大宝，小的叫小妹。我就做了结扎，不再生育。我们一直挤在那两间西厢房里。可是人口多了，开门七件事，除了有柴有米，前门种菜，我又养猪养鸡，可是油、盐、酱、醋、茶，都得花钱。一家子吃饱肚皮，还得穿衣，单说一家老少的鞋吧，纳鞋底就够我妈忙的。五口人的衣服被褥，俩孩子日长夜大，鞋袜衣裤都得添置。棉衣、棉裤、衣面、衣里、棉絮都得花钱。大人可以穿旧衣服，小孩子可不能精着光着呀。大冬天光着两条腿没裤子的只有我呀，我是个没人疼的丫头；我们小妹人人都宝贝，她比大宝还讨人爱。可是钱从哪儿来呀？我们成天就是想怎么挣钱。

老李是信主的，他信的是最古老的老教。我不懂什么新教老教，反正老李信什么主，我也跟着信。我就交了几个信主的朋友。有个吴姐曾来往北京，据她说，到北京打工好赚钱，不过男的要找工作不容易，不如女的好找，一个月工钱有二十大洋呢。不过北京好老远，怎么去找？

一九七二年，吴姐说，她北京的干娘托她办些事，也要找几个阿姨。吴姐已经约了一个王姐，问我去不去。我天天只在想怎么挣钱，就决定跟她同到北京找工作去。那年我二十二岁，我的小妹已经断奶了。我问姐借钱买了车票，过完中秋节，八月十八日，三人约齐了同上火车。老李代我拿着我四季衣衫的包袱，送我上车。他买了月台票，看我们三个都上了车，还站着等车开。车开了，他还站着挥手。我就跟老李哥分别了。

我心里好苦，恨不得马上跳下车跟老李回家。我没有心痛病，我明明知道我不是真的心痛，可是我真觉得心痛呀，痛得很呢。路上走一天一夜，我们是早饭后上的车。第二天，大清老早到了北京。我和王姐帮吴姐拿了她为干妈带的大包小裹一同出站，乘电车到了西四下车，没几步就到东斜街了。

干妈正在吃早点。王姐送上一包柿饼、一包桔饼做见面礼。我幸亏连夜绣了两双鞋垫，忙从衣包里掏出来送干妈，说是一点心意。干妈倒是很欣赏，翻过来翻过去细看手工，夸我手巧。她请我们在下房吃了早点。干妈是这家的管家。她和吴姐口口声声谈马参谋长，大概是他要找人。干妈和吴姐谈了一会，就撇下我们忙她的事去了。吴姐说："干妈一会儿会和马参谋长通电话，约定饭后带咱们几个到几家人家去让人看看，随他们挑选。马参谋长是忙人，约了时间一分钟也不能耽搁。他住东城，咱们乘早先到东城。你们在村里只见过教头，我带你们到东交民巷的天主堂去见见徐神父，看看教堂。然后我替干妈就近请你们俩吃顿饭，马参谋长住那不远。干妈还吩咐我们别忘了带着自己的包袱。"

徐神父已经做完弥撒，正站在教堂前的台阶上。他很和气，问我们是否受过洗礼。我们都没有。徐神父让我们进教堂，我也学着他蘸点圣水上下左右划个十字，跪一跪，然后跟他到教堂后面一间小屋里，徐神父讲了点儿"道"，无非我们祖先犯了罪，我们今生今世要吃苦赎罪，别的我也不懂。徐神父给了我一个十字架，就像他身上挂的一模一样，又给我一本小册子，上面有天主经、圣母经、信经等等，还有摩西十戒。王姐

不识字，只得了一个十字架。徐神父特意嘱咐我们："你们是帮人干活的，不能守安息日；信主主要是心里诚，每天都别忘记祷告；你们祷告的时候，天主就在你们面前；望弥撒不方便不要勉强，礼拜天照常得干活儿。"他还一一为我们祝福。我受了祝福，觉得老李和我是一体，也有份儿，心上很温暖，心痛也忘了。

我们准时去见了马参谋长。他很神气，不过也很客气，没说什么话，立刻带我们三个坐了他的汽车出门，他自己坐在司机旁边。吴姐跟我和王姐说：这年头儿不比从前了，谁家还敢请阿姨呀，下干校的下干校，上山下乡的上山下乡。找阿姨的，只有高干家了；他们老远到安徽来找人，为的是不爱阿姨东家长、西家短的串门儿；你们记住，东家的事不往外说，也不问。只顾干自己的活儿；活儿不会太重，工钱大致不会少。

我们最先到赵家，他们家选中了我。讲明工钱每月二十五元，每年半个月假。工作是专管一家七口的清洁卫生。马参谋长问我干不干？工钱二十五元，出于意外了，我赶忙点头说愿意，赶忙谢了马参谋长，他们就撇下我到别家去了。

选中我的是这家的奶奶和姑姑，还有伺候奶奶的何姨。我由何姨带到她的小小卧房里，切实指点我的工作，也介绍了他们家的人。奶奶是高干的女儿，她不姓赵。姓赵的是女婿，姑姑的丈夫。他们俩都有工作，不过姑姑病休，只上半天班。姑姑是当家人，大姐、二哥、三妹、四妹都上学呢。等吃晚饭时，带我见见。他们家有门房，有司机，有厨子，我的工作是洗衣服，收拾房间。洗衣机有，可是除了大件，小件儿不能同泡一盆，都得分开。男的、女的，上衣、内衣、裤衩儿、手绢、袜子不在一个盆里洗，都是手洗，衬衣得熨。她带我看了各人的房间，又看了吃饭间，说明午饭、晚饭几点吃，饭间也归我收拾，洗碗就不是我的事了。奶奶的三间房由何姨收拾。奶奶的房间，不叫我，不进去；有客人，自觉些，走远点。她又带我看了洗衣、晾衣的地方，又说了绸衣不能晒，然后把我领到我的卧房里，让我把掖着的衣包放下，她自己坐在床前凳上，叫我也坐下，舒了一口气说："李嫂，我也看中你，希望你能做长。"我装傻说："不能长吗？"何姨笑笑说："各人有各人的脾气，你摸熟了就知道。四妹和三妹同年同月生，不是姑姑的，她妈没有了，小四妹是奶奶的宝贝疙瘩。小四妹哭了，姑姑就要找你的茬儿了。懂吗？"她叫我先歇会儿，晚饭前，赶早把那一大堆脏衣服洗了，家里两天没人了——就是说，前一个阿姨走了两天了。

我那间卧房倒不小，只是阴森森地没一丝阳光，屋前有棵大树给挡了。我有点害怕，就把徐神父给的十

字架挂在床前，壮壮胆。偷空给老李写了信，信封是他开好封面的，邮票都贴上了，信纸也是折好放在信封里的。晚饭前何姨告诉我，吴姐她们都找到工作了，工钱都是二十二元，也算不错的。吴姐给我留下了电话号码。

好容易盼到第一个月的工钱，我寄了二十元，留下五元自己添置些必要的东西。这一年可真长啊，老做梦回家了，梦里知道是做梦，自己拧拧胳膊就醒了；醒了又后悔，可是梦不肯重做了。幸亏老李来信说，日子好过了，不用愁了，车票的钱还了，冬天大宝小妹的新棉衣裤都有了。

一个月一个月尽盼着工钱，寄了家用钱心上好过几天。这一年熬过来真不容易。姑姑看见了我的十字架，她顶心细，告诉我西城也有教堂，礼拜天我可以去。我去过两次，听不懂神父讲的“道”，就不去了。到第二年过了中秋节，我有半个月假，吴姐没有。我一个人回家了。老李来接，我看他苍老了不少，人也瘦了，一身酒气，说是睡不着觉，得喝醉了才能睡。他只喝最便宜最凶的酒。我心里疼他，想不出去吧，又少不了每月的二十五元钱。这一年来，家里才喘过一口气呀。

这第一个假期，还是我最快乐的假期，虽然家里的事，说起来够气死人的。我为弟弟定下的好一门亲事，我姐给退了，说那姑娘矮，弟弟是个瘦长条儿，配不上。她另外找了一个花骚的，看来是轻骨头。我不在家，妈都听姐的话了。她们正为弟弟操办喜事呢。新房就是姐从前住的房。丁子已经带了两个女儿跑了，可是正房还没腾出来。

第二次又是过完了中秋节回家，老李还是不见好，走路瘸呀瘸的，说是酒后睡熟着了凉，不知得了什么病。我碰到文工团的朋友，他们欢迎我回去。可是我妈怕我做流离鬼，我们乡里唱戏的，有几个确也声名不好。我不能为老李留下不走。一个月二十五元钱呢！这年还加了节赏。我劝老李喝酒就喝好一点的，有病瞧瞧大夫。

我弟弟从小贪玩，大了好赌，十赌八赢。成了亲，小两口打架，那花骚娘子就跑了，没再回来。我弟弟就成了个赌棍。我跟弟弟讲：我十岁偷米偷豆养活他，我十四岁他放牛，我一人赚工分养活他和妈；我说赌钱有赢也有输，赢得输不起的别赌。我弟弟赢了钱正高兴呢，我的话他一句不听。这次回北京，我真像撕下了一片心；这一年，真比两年还长。夏至左右，老李来信，家里又出事儿了。剃头的姐夫又逃走了，撇下姐和三个儿子，还欠两个月的房租，剃头家具都带走了，只剩一只剃头客人坐的高椅子，还有些带不走的东西。我姐

能干，把剃头店盘给了另一个剃头的，还清了账，带着三个儿子回娘家了，她也想到北京来找工作呢。三个儿子帮着种地，剃头的是倒插门，儿子姓我家的姓，都姓邓。妈很乐意，说她有了亲孙子了。

第三次回家，赵家让我回家过中秋，我特为老李买了一瓶好酒。可是老李来信说，他已经戒酒了，身子硬朗了，没病了。我想好酒送二爷爷吧。赵家给了节赏又提前两天放假，我来不及通知老李了，给他一个意外之喜吧，好在我又不用他接，我已经走熟了。

我欢欢喜喜地赶回家，家里的小门闩着。我们白天是不闩门的，老李大概有了钱小心了。我就从我家大门悄悄进去，从妈妈的柴间进屋，只见老李抱着个女人同盖在一床被里呢！他看见我了。我妈的房门虚掩着，我把拿着的东西放在桌上，走进妈的屋，站在她床前，流着眼泪，两手抱住胸口不敢出声，一口一口咽眼泪。妈睡得正香，我站了好一会她都没醒。我听见厢房的小门开了，有人出去了。抬起泪眼，看见老李跪在房门口，也含着一包泪。我怕闹醒了妈，做着手势叫他起来。我挨桌子坐在凳上，老李傻站着。我指指床，他才坐下，他没有熏人的酒气了，很壮健，气色也好。我叹了一口气，没说话。他也怕妈醒，只轻声说："秀秀，你是好女人，不懂男人的苦。"我簌簌地流泪，只是不敢抽噎。我咽着泪说:“李哥呀,是我对不起你了。”老李合着双手对我拜拜,还是轻声说:“秀秀,我对不起你,我犯罪了。”他想来拉我,我忙躲远些。其实,我恨不能和他抱头大哭呢。可是我别的不像妈,就这爱干净像妈。我嫌他脏了,不愿意他再碰我了。我问:“她是谁?”老李说:“瘫子的老婆。她知道我妈有钱,常来借钱。是她引诱了我,我犯罪了。”瘫子是矿工,压伤了腰没死,瘫在床上好两年了,这我知道。我对老李说:“我不怪你,也不怪她,可是咱们俩,从此……”我用右手侧面在左手上铡了几下,表示永远分开了。老李说:“秀秀,你不能原谅吗?”我说:“能原谅,可是……”我重又用右手侧面在左手心重复铡。老李含着泪说:“秀秀,咱们恩爱夫妻,从没红过一次脸,没斗过一次嘴,你就不能饶我这一遭吗?”我说“不但这一遭,还有以后呢。可是我……”我又流下泪来,只摇头。老李又要下跪又要搂我,我急得跑出门去了。他追到门外说:“秀秀,你铁了心了?”我说“老李哥,我的心是肉做的呀,怎能怪你。你还照样儿孝顺我妈,别亏待我们的大宝和小妹,咱们还是夫妻,我照旧每月寄你二十元——只是我问你,你养得活瘫子一家人吗?”老李说:“他们家只一个瘫子了,有抚恤金,她女人不是为钱,假装借钱来勾引我的。我经不起引诱,我犯罪了。秀秀,我现在是一个有罪的人，又不敢和教头说，怕传出去大家都知道。可是我良心不安，都不敢祷告了。”我说：“好老李，我到了北京，会代你向神父忏悔。你可得天天祈祷。”我面子上很冷静，也顶和气，我们俩讲和了。可我心上真是撕心裂肺的疼呀。我洗了一把脸，把妈叫醒。我把钱交给老李，又把我带的东西一一交给老李，叫他替我一一分送。好酒送二爷爷。那年小妹四岁，大宝六岁，他们正和我弟弟玩呢。我把他们叫回来，我亲了他们，抱了他们，吃的、玩儿的都给了他们。我推说北京东家有急事，当夜买了火车票就回北京了。中秋节回乡的车票难买，从家乡到北京的车票好买。我买到了特别快车票，中秋节下午就到北京了。

我不能回赵家，我见了谁都没脸。中秋节是回家的日子，谁会从家里往外跑啊！可是中秋节要找阿姨的人家肯定有。我认识一个荐头，就跑去找她。她正忙着过节呢。她说：“有是有，不过你干不了，谁也干不了。是个阔气的华侨家，要看孩子的，条件没那么样儿的苛刻，又要相貌好，又要能带孩子，讲定一连三年一天一夜也不能离开，工钱面议。面议，我就没好处了，我白忙个啥！别家也有找替工的，只不过过个中秋节。”我把老李送我的点心送了她，问她要了华侨家的地址，说自己看看去。她忙得连茶也没请我喝。

我找到了那华侨家。好大的房子！门口问我谁介绍的，有没有保人。我说当然有，我要和东家当面谈。我见到了那家的太太。她把我打量了几眼，说孩子还没出院呢，她不爱换人，要找个长期的，孩子得带到三岁上幼儿园，一天一晚，都不能离开。我问工钱多少，她说："还得上医院查过身体，还得看孩子喜欢不喜欢你。"我说："我有事要到东堂去找徐神父，得请半天假，以后就没事了，我是没牵没挂的。工钱至少二十五元。有保人。"

查身体需空腹，我正好空腹，一滴水也没喝。这位太太让我换了衣服洗了脸，带我到医院去查了身体，没问题，很健康。看护抱出娃娃来，是个女孩。我对她笑，她还不会笑呢，只伸出小手来抓我，是表示要好的意思。那太太把我带回家，问了我的姓名，家里的情况，保人是谁，有没有带过孩子等等。她家娃娃吃母奶，可是睡觉跟阿姨。工钱呢，每月三十元，以后慢慢加。我请的那半天假，没问题。

这天是中秋节，我得了双份儿节赏。赵家给三十元，这家我第一天去就给了六十元，还给了好多半新的衣裳。我立即给老李写了信，答应代他找徐神父忏悔，又答应用我的节钱买些好毛线，为他结一件他羡慕的带花的上衣。我告诉他地址改了，我照旧月月为他寄二十元。我们还是夫妻。我以后也打电话辞了赵家。

我先找干妈和徐神父约好了时候，才请了半天假，见了徐神父。他听我说完，诧异地看了我半天，说我是个不寻常的女人。他说他也会为老李求主饶恕，叫我嘱咐他天天祷告，主是慈悲的。他还祝福了我们两人。我寄了这封信就死心塌地在这华侨家一干就是三年。娃娃送进幼儿院，这家就辞我了。

这次回家，只老李热情，我两个孩子都和我生疏了。妈一心只疼亲孙子。姐的三个孩子，都结结实实。老李说，姐挣了钱不寄家，我妈有了好吃的，先给亲孙子吃，大宝小妹都靠后。三个孩子什么都争，老打架，不像大宝小妹两个要好，一起玩，一起吃，哥哥还知道护妹妹。我只推说，屋里两个孩子都大了，我挨着我妈睡了两晚，又回北京找工作了。从此我只是一个打工挣钱的人，我回家，我出门，他们都不在意了。

老李告诉我，瘫子已经死了，瘫子的老婆小周认我妈做了干娘，常过来照顾照顾。老李还和她在一起呢。我也见过这平眼塌鼻的周姨，远不如我，人还老实。老李心上还是向着我的，只是他不敢亲近了。我后悔对老李太绝了些，我并没有那么嫌他。徐神父的祝福，是祝我们重圆吧？回想起来，我实在后悔。

老李因为姐姐不寄家用，三个孩子都吃我，他不干了。他有朋友在镇上开饭店，要他帮忙，他就带了大宝小妹到镇上。大宝送到制瓿厂做学徒工，小妹上小学。他每次写信，信尾总带上一笔"小周问候李嫂"，大概小周也到镇上工作了。如果我回去，她也许会另嫁人，老李和朋友买卖做得不错，劝我回去。我拐不过弯儿来，犟着不去。我每年走亲戚似的也回乡，也到镇上去。老李买了地，盖了房子。大宝做了工人，工资也不少。他谈了一个很漂亮也很阔气的好姑娘，我为他们在老李的新屋上加了一层楼。他们成亲，我特地到镇上去受一双新人叩头，做了婆婆。老李特为我留着一间我的房，家具都是老李置的。小妹看中一个装修专业户，她还不到结婚年龄，逃到北京同居了，很发财，我自己钱也攒了不少。最后我伺候一个半身不遂的老太太，儿女都在国外，她一个月前去世了，留给我一大笔钱。她去世前对我说："李嫂啊，你一辈子为家里人劳苦，自己吃一根冰棍也舍不得，这回该家去享享福了。"可是我回哪儿去呀？我是苦水里泡大的，一辈子只知道挣钱，省钱，存钱。现在手里一大把钱，什么用呀！帮老李做买卖，我贴了钱，他又贴别人，我不愿意。帮儿媳妇看孩子，是没工钱白吃饭，还赔钱，我不愿意。帮女儿看孩子，也是没工钱白吃饭，还说是供养我呢，我也不愿意。回头看看，一九六八年我十八岁，嫁老李；一九七二年，我二十二岁，到北京找工作。这五年是我一辈子最幸福、最甜蜜的五年。一九七五年我二十五岁，和老李只是挂名夫妻了，现在一九九五年，我也四十五了，中年人了。帮人做事还挣钱，家去只是赔钱。我做阿姨也养娇了，跟着主人家，住得好，吃得好，带那华侨娃娃的时候，什么高级饭馆没吃过？什么游乐场没玩过？什么旅游胜地没到过？我自己可不会花钱，也舍不得。手里大把钱，我不会花，也不愿给人花。当初只为了每月二十五元的工钱，扔掉了一辈子的幸福，现在捞不回来了。

我已经过了大半辈子。前面一半是苦的，便是那最幸福的五年，又愁吃愁穿，又辛苦劳累，实在也是苦的。后一半，虽说享福，究竟是吃人家的饭，夜里睡不安，白天得干活，也够劳累。我真是只有芥子大的命吗？我还是信主的呢。我吃了苦，为谁赎了什么罪，只害老李犯了罪，做人好可怜。为了钱，吃苦；有了钱，没用。我活一辈子是为啥呀？

（一九九五年秀秀口述。）

十三　韩平原的命

我不记得在哪部笔记小说里，读到一则《杨艮议命》。议的是韩平原的命。韩平原的八字是壬申、辛亥、己巳、丙申。杨艮想必是个星命家。他说韩平原丁卯年壬子月必得奇祸。据笔记："当时周梦兴在座，谨志之册，勿敢言。既尔艮言皆大验。"韩平原就是宋朝的韩侂胄；封平原君，权倾一时。丁卯年壬子月因用兵溃败伏诛。

十四 良 心

二〇〇六年五月二十四日,《新民晚报》登载了一则报导。吉林省延吉市郊农村一对夫妇将十年前捡来的四万元交给了延吉市公安局,要求公安局为他们找到失主。我读后觉得这件真人实事很说明问题,可用作本文的注释。我先略述这则报导的梗概,再说我的见解。

一九九六年夏天的一个夜晚,上述地区一位四十九岁的出租车司机把一男一女两位乘客送到了他们要到达的地点,分文未得,还挨了一顿臭骂。乘客离去后,这位司机发现他们的一大包钱遗忘车上了,数一数,共四万元。

这位司机是贫困中挣扎求生的可怜人,生平未见过这么多钱。突然感到很害怕,连老婆也没告诉。

乘客男女两人是浑蛋,遗忘了那包钱,怎会不追究呢?四天以后,那男的乘客带了三个彪形大汉,找到了我们这位司机，不由分说，把他拉上一辆卡车，气势汹汹地问他有没有捡到五万元钱。又把他带到当地派出所，对警察说：这司机捡了他们丢的五万元钱不还。这司机又害怕又生气，就一口咬定没有捡到钱，心想："我要是承认了，哪里去找他讹的那一万元呢。"

四万元对这位司机的诱惑力很大。半年后，警察再次询问他是否捡到了钱，他再次否认了。

他老婆知道了丈夫捡得巨款，也害怕了。她没有工作，又患有肝硬化重症，经常借钱看病。他们有个十四岁的儿子，父母俩总教育孩子要老实做人。可是这老实的夫妻俩得了这笔巨款，放弃又舍不得；动用吧，良心又不许。

这位为了维持生活和给妻子治病，卖过豆腐、烤过白薯、卖过血肠、种过菜的出租车司机说："我什么都干过，就是没撒过谎。平生第一次昧了良心，那种难受劲儿就别提了。"他们夫妻俩天天教育孩子要诚实守信，可是一想到那笔钱，"讲着讲着心里就突然没了底气"。

这笔钱像一座大山，压得他们十年喘不过气来。他们终于把这笔钱交到了公安局，虽然过日子还是艰苦，心上却踏实了。

他们这十年受道德良心的折磨，就是本文所谓"天人交战"，也就是灵性良心和私心的斗争。他们是朴实的乡民,没有歪理。如讲歪理,可以说:“失主是欺压好人、讹诈好人的浑蛋,跟这种浑蛋讲什么道义!我的需要比你大!”他们就可以用来看病了,还债了,生活得宽裕些,这笔钱就花掉了。可是我们这位司机和他的老婆,灵性良心经过长达十年的拉锯战,还是胜利了。他们始终没有昧了良心。他们的行为感动了警察,说他工作了这么多年,第一次遇到这等事。也感动了记者,说这对善良夫妻的行为会让很多人反思自己,所以应该让全社会知道。

良心出自人的本性,除非自欺欺人,良心是压不灭的。

图书在版编目(CIP)数据

走到人生边上——自问自答/杨绛著.—北京：商务印书馆，2007
ISBN 978-7-100-05610-6

I.走… II.杨… III.随笔—作品集—中国—当代
IV.I267.1

中国版本图书馆 CIP 数据核字(2007)第 132149 号

走 到 人 生 边 上

——自问自答

杨 绛 著

商 务 印 书 馆 出 版
(北京王府井大街36号 邮政编码 100710)
商 务 印 书 馆 发 行
北 京 瑞 古 冠 中 印 刷 厂 印 刷
ISBN 978-7-100-05610-6

2007年8月第1版 开本 880×1230 1/32
2007年9月北京第4次印刷 印张 6¼ 插页 1
印数 20 000 册

定价：16.00 元